साइबर स्मार्ट

डिजिटल दुनिया में सुरक्षित रहना

प्रियंका वर्मा

डायमंड बुक्स

www.diamondbooks.in

प्रकाशक : डायमंड पॉकेट बुक्स प्रा.लि.
X-30, ओखला इंडस्ट्रियल एरिया, फेज-2
नई दिल्ली-110020
फोन : 011-40712200
ई-मेल : wecare@diamondbooks.in
वेबसाइट : www.diamondbooks.in
संस्करण : 2025

प्रस्तावना

आज के बच्चे स्मार्टफोन, एप्स और इंटरनेट के साथ बड़े होते हैं—यह डिजिटल दुनिया रोमांचक अवसर और नए ख़तरे दोनों लाती है। यह पुस्तक ग्रेड 5 से 8 तक के छात्रों को इंटरनेट का बुद्धिमानी से उपयोग करना, ख़तरों को पहचानना और साइबर अपराधों से ख़ुद को बचाना सिखाने के लिए डिज़ाइन की गई है।

सरल भाषा में कहानियों, कार्यों और वास्तविक जीवन के उदाहरणों के साथ लिखी गई यह पुस्तक नई शिक्षा नीति (NEP 2020) के साथ संरेखित है और महत्वपूर्ण सोच, ज़िम्मेदार डिजिटल व्यवहार और साइबर सुरक्षा जागरूकता जैसे 21वीं सदी के जीवन कौशल को प्रोत्साहित करती है। आइए बच्चों को सिर्फ स्मार्ट ही नहीं—बल्कि साइबर स्मार्ट बनने के लिए सशक्त करें।

- प्रियंका वर्मा

विषय-सूची

अध्याय 1

आइए ऑनलाइन चलें!

हमारे चारों ओर की डिजिटल दुनिया

रिया कक्षा 6 में है। हर दिन होमवर्क के बाद, वह मज़ेदार वीडियो देखती है, अपने दोस्तों के साथ चैट करती है, ऑनलाइन गेम खेलती है, और ऑनलाइन कोडिंग कक्षाओं में भी भाग लेती है। उसे लगता है कि इंटरनेट एक जादुई बक्सा है—मज़ेदार, तेज़ और आश्चर्य से भरा!
लेकिन एक दिन, रिया को एक अजनबी से एक मुफ्त गेम की पेशकश का संदेश मिला। उसने लिंक पर जैसे ही क्लिक किया, उसके टैबलेट ने काम करना बंद कर दिया!

क्या गलत हुआ? क्या इंटरनेट हमेशा सुरक्षित रहता है?
आइए ऑनलाइन दुनिया का अन्वेषण करें और स्मार्ट और सुरक्षित रहना सीखें।

अन्वेषण करें: डिजिटल दुनिया क्या है?

डिजिटल दुनिया में वह सब कुछ शामिल है जो हम फोन, कंप्यूटर या इंटरनेट का उपयोग करके करते हैं—वीडियो देखना, दोस्तों को संदेश भेजना, ऑनलाइन सीखना, गेम खेलना या ऐप्स का उपयोग करना।

इंटरनेट एक बड़े ऑनलाइन शहर जैसा है:
- **वेबसाइटें** जानकारी वाली इमारतें हैं
- **ऐप्स** दुकानें या गेम हैं जहाँ आप जाते हैं
- **चैट** स्कूल में या पार्क में लोगों से बात करने जैसा है

लेकिन असली शहरों की तरह, सब कुछ सुरक्षित नहीं होता है। कुछ लोग ऑनलाइन **अशिष्ट**, आपको **धोखा** दे सकते हैं, या चीज़ें **चुरा** सकते हैं। इन्हें **साइबर ख़तरे** कहा जाता है।

ऑनलाइन सुरक्षा के बारे में जानना क्यों महत्वपूर्ण है?

छात्रों के रूप में, आप **स्मार्ट और तकनीक-प्रेमी** हैं। लेकिन **साइबर स्मार्ट** होने का मतलब है:
- यह जानना कि ऑनलाइन कुछ संदिग्ध कब है
- अपनी व्यक्तिगत जानकारी को सुरक्षित रखना
- डिजिटल उपकरणों का ज़िम्मेदारी से उपयोग करना

आइए समझें कि इंटरनेट का आनंद कैसे लें—बिना किसी परेशानी में पड़े!

डिजिटल उपकरण जो आप हर दिन उपयोग करते हैं

उपकरण	किसके लिए उपयोग किया जाता है
स्मार्टफोन	गेम, चैट, ऐप्स, फोटो
टैबलेट	लर्निंग ऐप्स, यूट्यूब, ड्राइंग
लैपटॉप/कंप्यूटर	स्कूल का काम, ईमेल, रिसर्च
स्मार्ट टीवी	शो स्ट्रीमिंग करना, यूट्यूब
गेमिंग कंसोल	ऑनलाइन मल्टीप्लेयर गेम

ये सभी उपकरण इंटरनेट से जुड़ते हैं, यही कारण है कि उनका बुद्धिमानी से उपयोग करना महत्वपूर्ण है।

सुनहरा नियम:
जो आप वास्तविक जीवन में नहीं करेंगे, वह ऑनलाइन भी न करें!
क्या आप सड़क पर किसी अजनबी से बात करेंगे? नहीं। तो ऑनलाइन भी अज्ञात लोगों को जवाब न दें।

इसे आज़माएँ!

गतिविधि: सुरक्षित और असुरक्षित कार्यों को पहचानें

सुरक्षित कार्यों पर गोला लगाएँ और असुरक्षित कार्यों पर क्रॉस लगाएँ:
1. अपने स्कूल का पता गेम चैट पर साझा करना ✘
2. कोई नया एप इंस्टॉल करने से पहले अपने माता-पिता को बताना ✔
3. पासवर्ड के रूप में अपना नाम और उम्र का उपयोग करना ✘
4. अजनबियों से संदेशों को अनदेखा करना ✔
5. "आप जीत गए!" कहने वाले पॉप-अप पर क्लिक करना ✘

चित्र बनाएँ और लेबल करें:
अपने पसंदीदा डिवाइस का चित्र बनाएँ और उन ऐप्स या वेबसाइटों को लेबल करें जिनका आप सबसे अधिक उपयोग करते हैं। उन पर गोला लगाएँ जिन्हें आप शैक्षिक मानते हैं और उन पर तारा लगाएँ जो केवल मनोरंजन के लिए हैं!

सोचें और विचार करें

• क्या आपने कभी ऑनलाइन व्यक्तिगत विवरण साझा किए हैं? क्या यह सुरक्षित था?
• यदि किसी अजनबी ने आपको संदेश भेजा, तो आप क्या करेंगे?
• क्या आप नई चीज़ें डाउनलोड करने से पहले हमेशा माता-पिता से जाँच करते हैं?

आइए दोहराएँ

✔ इंटरनेट सीखने, मनोरंजन और कनेक्शन के लिए उपयोगी है
✔ डिजिटल दुनिया में एप्स, वेबसाइटें, गेम और बहुत कुछ शामिल है
✔ अजनबियों, लिंक्स और अज्ञात संदेशों से हमेशा सावधान रहें
✔ अगर कुछ ग़लत लगता है—रुकें और किसी वयस्क को बताएं
✔ साइबर स्मार्ट बनें, सिर्फ तकनीक स्मार्ट नहीं!

अपनी जाँच करें

1. डिजिटल दुनिया क्या है?
A) एक ऐसी जगह जहाँ हम विज्ञान प्रयोग करते हैं
B) वह सब कुछ जो हम उपकरणों का उपयोग करके ऑनलाइन करते हैं ✔
C) केवल वयस्कों के लिए एक वीडियो गेम

2. ऑनलाइन सबसे सुरक्षित कार्रवाई कौन सी है?

A) पॉप-अप उपहार ऑफ़र पर क्लिक करना

B) किसी अजीब संदेश के बारे में अपने माता-पिता को बताना ✔

C) अजनबियों के साथ अपनी तस्वीर साझा करना

3. इनमें से कौन सा डिजिटल डिवाइस है?

A) स्कूल बैग

B) साइकिल

C) लैपटॉप ✔

किताब से आगे

मिनी प्रोजेक्ट: साइबर सुरक्षा चार्ट

एक पोस्टर बनाएँ जिसका शीर्षक हो: "ऑनलाइन सुरक्षित रहने के 5 नियम" इसमें चित्र, उदाहरण और युक्तियाँ शामिल करें। इसे अपनी कक्षा में टाँग दें या असेंबली के दौरान साझा करें!

डिजिटल अन्वेषण:

अपने शिक्षक या माता-पिता के साथ https://beinternetawesome.withgoogle.com पर जाएँ और इंटरनेट सुरक्षा सीखने के लिए इंटरलैंड गेम खेलें!

अध्याय 2

साइबर क्राइम क्या है?

ऑनलाइन दुनिया में परेशानी

रोहन को मज़ेदार वीडियो बनाना और दोस्तों के साथ साझा करना पसंद था। एक दिन, एक अजनबी ने उसे अपशब्द कहते हुए एक गंदी टिप्पणी की। एक और दिन, किसी ने उसे एक लिंक भेजा जिसमें कहा गया था कि वह मुफ्त गेमिंग पॉइंट जीत सकता है।

उसने उस पर क्लिक किया—और उसके फोन ने अजीब तरह से काम करना शुरू कर दिया! रोहन के साथ क्या हुआ? ऑनलाइन ऐसी चीज़ें क्यों होती हैं?

साइबर अपराध की दुनिया में आपका स्वागत है—आइए जानें कि यह कैसे काम करता है और हम ख़ुद को कैसे बचा सकते हैं।

अन्वेषण करें: साइबर क्राइम को समझना

जैसे वास्तविक दुनिया में अपराध होते हैं (जैसे चोरी या धमकाना), वैसे ही डिजिटल दुनिया में इंटरनेट का उपयोग करके कुछ अपराध होते हैं। इन्हें साइबर क्राइम कहा जाता है।

साइबर क्राइम का मतलब है कोई भी अपराध जहाँ कंप्यूटर, स्मार्टफोन या इंटरनेट का उपयोग कुछ अवैध या हानिकारक करने के लिए किया जाता है।

बच्चों को प्रभावित करने वाले सामान्य साइबर क्राइम

साइबर क्राइम	इसका क्या मतलब है	वास्तविक जीवन का उदाहरण
साइबरबुलिंग	इंटरनेट का उपयोग करके किसी को चिढ़ाना, अपमानित करना या धमकाना	एक सहपाठी आपको चिढ़ाने वाला मीम साझा करता है
फ़िशिंग	जानकारी चुराने के लिए नकली ईमेल या संदेश भेजना	"मुफ्त गेम कॉइन जीतने के लिए यहां क्लिक करें!"
ऑनलाइन स्कैम	लोगों को पैसे देने या व्यक्तिगत डेटा देने के लिए धोखा देना	एक नकली दुकान सस्ते फोन प्रदान करती है लेकिन कभी डिलीवरी नहीं करती
हैकिंग	किसी के खाते या डिवाइस में सेंध लगाना	आप अपने गेमिंग खाते से बाहर हो गए हैं

छद्मवेश	ऑनलाइन किसी और के होने का दिखावा करना	कोई आपके नाम से एक नकली इंस्टाग्राम प्रोफाइल बनाता है
पहचान की चोरी	आपके व्यक्तिगत विवरण चुराकर उनका दुरुपयोग करना	एक अजनबी आपके नाम और पते का उपयोग करके चीजें ऑर्डर करता है
डॉक्सिंग	किसी की निजी जानकारी ऑनलाइन साझा करना	कोई सोशल मीडिया पर आपका फोन नंबर या पता पोस्ट करता है

बच्चों को क्यों निशाना बनाया जाता है?

• बच्चे **जिज्ञासु और भरोसेमंद** होते हैं।
• वे किसी भी **मज़ेदार या रंगीन** चीज़ पर क्लिक कर सकते हैं।
• वे जानकारी साझा करने से पहले हमेशा **वयस्कों से जांच** नहीं करते हैं।
• वे अक्सर **कमज़ोर या आसानी से अनुमान लगाए जाने वाले पासवर्ड** का उपयोग करते हैं।

साइबर अपराधी क्या चाहते हैं?

वे चाहते हैं:

• आपकी **व्यक्तिगत जानकारी** (नाम, स्कूल, उम्र, फोटो)
• आपके **पासवर्ड और खाते**
• आपका **पैसा** या माता-पिता का पैसा
• दूसरों को धोखा देने के लिए आपकी **ऑनलाइन पहचान**

इसे आज़माएँ!

शब्द को उसके अर्थ से मिलाएँ

शब्द	अर्थ
1. साइबरबुलिंग	A. व्यक्तिगत विवरण मांगने वाला नकली संदेश
2. फ़िशिंग	B. किसी और के होने का दिखावा करना
2. फ़िशिंग	C. ऑनलाइन बुरे संदेश या धमकियाँ

उत्तर: 1 → C, 2 → A, 3 → B

सोचें और विचार करें

• क्या आपने कभी ऑनलाइन कोई अजीब संदेश या नकली विज्ञापन देखा है?
• क्या आपको पता चलेगा कि कोई ऑनलाइन आपका होने का दिखावा कर रहा है?
• अगर कोई आपकी तस्वीर बिना पूछे साझा करता है तो आपको कैसा महसूस होगा?

आइए दोहराएँ

✔ साइबर क्राइम तब होता है जब कोई इंटरनेट का उपयोग करके बुरे काम करता है
✔ इसमें फ़िशिंग, स्कैम, साइबरबुलिंग, हैकिंग और बहुत कुछ शामिल है
✔ बच्चों को अक्सर निशाना बनाया जाता है क्योंकि वे जोखिमों के बारे में कम जागरूक होते हैं

✔ सतर्क रहना और कुछ ग़लत लगने पर किसी वयस्क से बात करना महत्वपूर्ण है

अपनी जाँच करें

1. फ़िशिंग क्या है?

A) एक मज़ेदार ऑनलाइन गेम

B) आपकी व्यक्तिगत जानकारी प्राप्त करने की एक चाल ✔

C) संदेशों को ब्लॉक करने का एक तरीका

2. यदि आपको ऑनलाइन धमकाया जाता है तो आपको क्या करना चाहिए?

A) बुरे शब्दों से जवाब दें

B) इसे हमेशा के लिए अनदेखा करें

C) किसी विश्वसनीय वयस्क या शिक्षक को बताएं ✔

3. पहचान की चोरी क्या है?

A) आपका दोपहर का भोजन चुराना

B) किसी का नाम और व्यक्तिगत जानकारी लेना ✔

C) एक वीडियो गेम हैक करना

किताब से आगे

मिनी प्रोजेक्ट: एक "साइबर क्राइम डिटेक्टिव" चार्ट बनाएँ

एक चार्ट बनाएँ जो दिखाता है:

- प्रत्येक साइबर क्राइम का नाम
- एक प्रतीक या चित्र
- एक छोटा उदाहरण

इसे अपने स्कूल के कंप्यूटर लैब में प्रदर्शित करें!

डिजिटल अन्वेषण:

अपने शिक्षक के साथ https://www.cybercrime.gov.in/ पर जाएँ यह देखने के लिए कि भारत में लोग साइबर अपराधों की रिपोर्ट कैसे करते हैं।

अध्याय 3

बच्चों को पता होना चाहिए

साइबर अपराध के प्रकार

अर्णव एक ऑनलाइन गेम खेल रहा था जब एक संदेश पॉप अप हुआ:

"अरे! मैं तुम्हें असीमित गेम कॉइन दे सकता हूँ—बस अपना लॉगिन पासवर्ड साझा करो!" वह उत्साहित था—लेकिन उसकी दोस्त मीरा ने उसे रोक दिया। "यह एक चाल हो सकती है!" उसने चेतावनी दी। क्या मीरा सही थी? ऑनलाइन किस तरह की चालें होती हैं? आइए पता करें।

अन्वेषण करें: साइबर अपराध के कई चेहरे

साइबर अपराध सिर्फ एक चीज नहीं है—यह कई रूपों में आता है। कुछ धूर्त होते हैं, कुछ डरावने होते हैं, और कुछ तो पहली बार में मज़ेदार भी लग सकते हैं। आइए साइबर अपराध के सबसे सामान्य प्रकारों को देखें जिनके बारे में बच्चों को जानना चाहिए—और उनसे कैसे बचना चाहिए।

1. साइबरबुलिंग (Cyberbullying)

किसी को बुरे टिप्पणियों, धमकियों या झूठ फैलाने के लिए इंटरनेट का उपयोग करना।

उदाहरण: कोई आपको अशिष्ट संदेश भेजता है या आपकी शर्मनाक तस्वीर पोस्ट करता है।

✔ क्या करें:

• जवाब न दें
• स्क्रीनशॉट लें
• किसी विश्वसनीय वयस्क या शिक्षक को बताएं

2. फ़िशिंग (Phishing)

नकली संदेश या ईमेल जो आपकी जानकारी (जैसे पासवर्ड, उम्र या फोन नंबर) चुराने की कोशिश करते हैं।

उदाहरण: "अपना मुफ़्त इनाम पाने के लिए यहां क्लिक करें!"

✔ क्या करें:

• अजीब लिंक पर क्लिक न करें
• अपनी व्यक्तिगत जानकारी कभी साझा न करें
• कोई भी फॉर्म भरने से पहले किसी वयस्क से पूछें

3. हैकिंग (Hacking)

जब कोई आपकी अनुमति के बिना आपके डिवाइस या खाते में सेंध लगाता है।

उदाहरण: आप अचानक अपने गेम प्रोफाइल तक पहुंच नहीं पा रहे हैं—यह हैक हो गया है!

✔ क्या करें:

• मज़बूत, अद्वितीय पासवर्ड का उपयोग करें

• साझा कंप्यूटर से लॉग आउट करें
• दो-चरणीय सत्यापन सक्षम करें

4. प्रतिरूपण (Impersonation)
ऑनलाइन किसी और के होने का दिखावा करना।
उदाहरण: आपके नाम और फोटो के साथ एक नकली इंस्टाग्राम अकाउंट।

✔ क्या करें:
• एप/प्लेटफ़ॉर्म को रिपोर्ट करें
• अपने माता-पिता या शिक्षकों को बताएं
• बहुत अधिक व्यक्तिगत तस्वीरें कभी साझा न करें

5. ऑनलाइन स्कैम (Online Scams)
लोगों को पैसे भेजने या नकली ऑफ़र पर क्लिक करने के लिए धोखा देना।
उदाहरण: "₹10 का भुगतान करें और एक आईफोन जीतें!"

✔ क्या करें:
• स्मार्ट बनें—ऑनलाइन कुछ भी वास्तव में मुफ़्त नहीं है
• कार्ड विवरण या पासवर्ड साझा न करें
• उपयोग करने से पहले वेबसाइटों को ध्यान से जांचें

6. पहचान की चोरी (Identity Theft)
कोई आपका नाम, उम्र, स्कूल या फोटो चुराकर आपकी होने का दिखावा करता है।
उदाहरण: कोई अजनबी आपकी जानकारी का उपयोग करके प्रतियोगिताओं या खेलों के लिए साइन अप करता है।

✔ क्या करें:
• ऑनलाइन बहुत अधिक साझा न करें
• सार्वजनिक खेलों में उपनामों का उपयोग करें

• सोशल मीडिया पर गोपनीयता सेटिंग्स का उपयोग करें

7. मैलवेयर और वायरस (Malware & Viruses)
हानिकारक सॉफ़्टवेयर जो डाउनलोड या क्लिक के माध्यम से आपके डिवाइस में प्रवेश करता है।

उदाहरण: आप किसी अज्ञात साइट से एक गेम डाउनलोड करते हैं, और आपका टैबलेट धीमा हो जाता है।

✔ क्या करें:
• अज्ञात स्रोतों से कभी डाउनलोड न करें
• एंटीवायरस सुरक्षा स्थापित करें
• कुछ भी डाउनलोड करने से पहले किसी माता-पिता से पूछें

इसे आजमाएँ

गतिविधि: साइबर अपराध का वर्गीकरण करें
स्थिति को सही साइबर अपराध से मिलाएँ।

स्थिति	साइबर अपराध का प्रकार
1. कोई समूह में आपके बारे में झूठी कहानियाँ फैलाता है	A. फ़िशिंग
2. एक संदेश आपके गेमिंग पासवर्ड मांगता है	B. पहचान की चोरी
3. कोई आपके नाम से एक नकली फेसबुक प्रोफाइल बनाता है	C. साइबरबुलिंग
3. कोई आपके नाम से एक नकली फेसबुक प्रोफाइल बनाता है	D. हैकिंग या मैलवेयर

उत्तर:

- 1 → C
- 2 → A
- 3 → B
- 4 → D

सोचें और विचार करें

• क्या आपने कभी इनमें से कोई साइबर अपराध किसी के साथ होते देखा है?
• आपको क्यों लगता है कि स्कैमर लोगों को धोखा देने के लिए "मुफ्त उपहार" का उपयोग करते हैं?
• इन अपराधों में से कौन सा आपको सबसे ख़तरनाक लगता है, और क्यों?

आइए दोहराएँ

✔ साइबर अपराध कई रूपों में आते हैं—धमकाना, स्कैम, पहचान की चोरी, और बहुत कुछ
✔ बच्चों को अक्सर गेम, चैट या लिंक्स के माध्यम से धोखा दिया जाता है
✔ क्लिक या साझा करने से पहले सोचें
✔ अगर कुछ ग़लत लगता है तो हमेशा किसी वयस्क से बात करें

अपनी जाँच करें

1. साइबरबुलिंग क्या है?
A) एक साथ गेम खेलना
B) ऑनलाइन दयालु संदेश भेजना
C) किसी को चोट पहुँचाने के लिए इंटरनेट का उपयोग करना ✔

2. अगर आपको कोई स्कैम संदेश दिखे तो आपको क्या करना चाहिए?

A) दोस्तों के साथ साझा करें

B) इसकी रिपोर्ट करें और किसी वयस्क को बताएं ✔

C) अधिक जानकारी के लिए क्लिक करें

3. मैलवेयर क्या है?

A) एक प्रकार का संगीत

B) एक हानिकारक सॉफ़्टवेयर ✔

C) एक मैसेजिंग एप।

किताब से आगे

गतिविधि: साइबर क्राइम कॉमिक स्ट्रिप

एक 4-बॉक्स वाली कॉमिक बनाएँ जिसमें एक साइबर अपराध (जैसे फ़िशिंग या हैकिंग) और एक स्मार्ट बच्चा उसे कैसे रोकता है, दिखाया गया हो। प्रत्येक बॉक्स को लेबल करें: क्या हुआ, ग़लती, उन्होंने क्या किया, सीखा गया पाठ

बोनस: प्रत्येक साइबर क्राइम प्रकार के लिए एक नारा बनाएँ:

"क्लिक करने से पहले सोचो!"

"मेरा पासवर्ड, मेरा रहस्य!"

"रिपोर्ट करें। ब्लॉक करें। बोलें!"

अध्याय 4

साइबर सुरक्षा क्या है?

आपकी ऑनलाइन ढाल

कल्पना कीजिए कि आपके घर में एक मज़बूत दरवाज़ा, एक ताला और एक सुरक्षा कैमरा है। ये चीज़ें आपको और आपके परिवार को ख़तरे से बचाती हैं। अब अपने फोन, टैबलेट या कंप्यूटर के बारे में सोचें।

क्या उनमें भी ताले होते हैं? आप ऑनलाइन ख़ुद को कैसे सुरक्षित रखते हैं? साइबर सुरक्षा की दुनिया में आपका स्वागत है—वे ताले, ढाल और नियम जो आपको डिजिटल दुनिया में सुरक्षित रखते हैं।

अन्वेषण करें: साइबर सुरक्षा क्या है?

साइबर सुरक्षा का अर्थ है अपने:

• **उपकरणों** (जैसे फोन, लैपटॉप)
• **डेटा** (जैसे आपका नाम, स्कूल, फोटो)
• खातों (जैसे आपका गेम लॉगिन, ईमेल, सोशल मीडिया)
को साइबर अपराधियों, वायरस और हैकर्स से बचाना।

इसमें वे आदतें और उपकरण शामिल हैं जो आपके डिजिटल जीवन को सुरक्षित रखते हैं—ठीक वैसे ही जैसे रात में अपने सामने वाले दरवाज़े को ताला लगाना।

बच्चों के लिए साइबर सुरक्षा क्यों महत्वपूर्ण है?

आप इंटरनेट का उपयोग इसके लिए करते हैं:
• पढ़ाई
• खेलना
• देखना
• दोस्तों से बात करना

लेकिन सुरक्षा के बिना, आपके:
• **व्यक्तिगत जानकारी** चोरी हो सकती है
• **उपकरण** क्षतिग्रस्त हो सकते हैं
• लोग आपको **धोखा** दे सकते हैं

इसलिए साइबर सुरक्षा सिर्फ वयस्कों के लिए नहीं है—यह आपके लिए भी है!

साइबर सुरक्षा उपकरण और अभ्यास

उपकरण / आदत	यह क्यों मायने रखता है
मजबूत पासवर्ड	आपके खाते को हैकर्स से सुरक्षित रखता है
एंटीवायरस सॉफ़्टवेयर	हानिकारक वायरस और मैलवेयर को ब्लॉक करता है
दो-कारक लॉगिन	खातों में लॉग इन करते समय अतिरिक्त सुरक्षा जोड़ता है
अपडेट और पैच	उन छेदों को ठीक करता है जिनका उपयोग हैकर्स सेंध लगाने के लिए कर सकते हैं
गोपनीयता सेटिंग्स	नियंत्रित करता है कि आपकी पोस्ट, जानकारी या गतिविधि कौन देख सकता है

बच्चों के लिए 5 सुनहरे साइबर सुरक्षा नियम

1. मजबूत पासवर्ड का उपयोग करें
कैपिटल अक्षर, संख्या और प्रतीकों को मिलाएं।
उदाहरण: P@ssw0rd2025!

2. क्लिक करने से पहले सोचें
अगर यह सच होने के लिए बहुत अच्छा लगता है—तो शायद यह नहीं है।

3. बहुत अधिक साझा न करें
अपना घर का पता, स्कूल का नाम या फोन नंबर ऑनलाइन कभी पोस्ट न करें।

4. अपने एप्स और उपकरणों को अपडेट करे
सुरक्षित रहने के लिए उन्हें अपडेट रखें।

5. हर बार लॉग आउट करें
विशेषकर जब साझा या सार्वजनिक कंप्यूटर का उपयोग कर रहे हों।

इसे आज़माएँ!

गतिविधि: सुरक्षित कार्रवाई को पहचानें
सुरक्षित के लिए ✔ और असुरक्षित के लिए ✘ चिन्हित करें:

कार्रवाई	सुरक्षित या असुरक्षित
अपने सबसे अच्छे दोस्त के साथ अपना पासवर्ड साझा करना	✘
पासवर्ड के रूप में Myname123 का उपयोग करना	✘
एंटीवायरस सॉफ़्टवेयर स्थापित करना	✔
समूह चैट में अज्ञात लिंक पर क्लिक करना	✘
अपने ईमेल के लिए दो-चरणीय लॉगिन चालू करना	✔

सोचें और विचार करें

- क्या आपको अपने सभी खातों के पासवर्ड पता हैं? क्या वे मज़बूत हैं?
- जब कोई अपडेट दिखाता है तो क्या आप "मुझे बाद में याद दिलाएं" पर क्लिक करते हैं?
- क्या आपने कभी किसी को अपना पासवर्ड बताया है?

अपनी जाँच करें

1. साइबर सुरक्षा क्या है?

A) दोस्तों के साथ खेलने का खेल

B) ऑनलाइन जीवन को ख़तरों से बचाना ✔

C) एक प्रकार का कंप्यूटर वायरस

2. इनमें से कौन सा एक अच्छा पासवर्ड है?

A) 123456

B) Myname

C) M@nGo2024! ✔

3. आपको सार्वजनिक कंप्यूटरों पर अपने खाते से लॉग आउट क्यों करना चाहिए?

A) बिजली बचाने के लिए

B) अपने खाते को दुरुपयोग से बचाने के लिए ✔

C) ताकि आपके दोस्त इसका उपयोग कर सकें

किताब से आगे

साइबर शील्ड पोस्टर प्रोजेक्ट

एक पोस्टर बनाएँ जिसका शीर्षक हो:
"ऑनलाइन सुरक्षित रहने के 5 तरीके"

चित्रों, स्टिकर या पत्रिका की कट-आउट का उपयोग करें। इसे रंगीन बनाएँ और इसे अपने स्कूल की कंप्यूटर लैब में टाँग दें!

घर पर पूछें:

- क्या आपका परिवार एंटीवायरस सॉफ़्टवेयर का उपयोग करता है?
- क्या आपके माता-पिता दो-चरणीय लॉगिन के बारे में जानते हैं?

और जानें:

अपने शिक्षक से इनमें से किसी एक को खोजने में मदद करने के लिए कहें:

- साइबर सुरक्षा खेल या क्विज़
- बच्चों ने ऑनलाइन ख़ुद को कैसे बचाया, इसकी कहानियाँ

अध्याय 5

हैकिंग

अच्छा, बुरा और नैतिक

सानिया के स्कूल की वेबसाइट डाउन थी। कंप्यूटर शिक्षक ने बताया कि किसी ने उसे हैक कर लिया था और होमपेज बदल दिया था। सानिया चौंक गई। "क्या हैकिंग बुरी नहीं है?" उसने पूछा।

शिक्षक ने कहा, "हमेशा नहीं।" "अच्छे हैकर्स भी होते हैं!"
रुको—क्या हैकिंग अच्छी हो सकती है?
आइए पता करें!

अन्वेषण करें: हैकिंग क्या है?

हैकिंग का अर्थ है किसी कंप्यूटर, एप, वेबसाइट या सिस्टम में अनुमति के बिना सेंध लगाना। इसका उपयोग बुरे कारणों से किया जाता है—

लेकिन कभी-कभी अच्छे कारणों से भी इसका उपयोग होता है।

ठीक वैसे ही जैसे एक चाबी का उपयोग किया जा सकता है:

- एक चोर द्वारा घर में प्रवेश करने के लिए (बुरा)
- एक ताला बनाने वाले द्वारा ताला ठीक करने के लिए (अच्छा)

हैकिंग इस बात पर निर्भर करती है कि इसे कौन कर रहा है और क्यों।

नैतिक हैकिंग क्या है?

नैतिक हैकर्स अपने कौशल का उपयोग इसके लिए करते हैं:

हैकर प्रकार	वे क्या करते हैं
ब्लैक हैट (Black Hat)	हैकर्स जो अवैध रूप से सिस्टम को चुराते, नष्ट करते या नुकसान पहुँचाते हैं
व्हाइट हैट (White Hat)	नैतिक हैकर्स जो सिस्टम को सुरक्षित रखने और बग खोजने में मदद करते हैं
ग्रे हैट (Grey Hat)	नैतिक हैकर्स जो सिस्टम को सुरक्षित रखने और बग खोजने में मदद करते हैं
हैकिंग	किसी के खाते या डिवाइस में सेंध लगाना
छद्मवेश	ऑनलाइन किसी और के होने का दिखावा करना

- कंपनियों को उनके सिस्टम में कमज़ोरियों का पता लगाने में मदद करना।
- वास्तविक हैकर्स को हमला करने से रोकना।
- लोगों के डेटा और गोपनीयता की रक्षा करना।

वे अक्सर इसके साथ काम करते हैं:

- स्कूल
- सरकारें
- साइबर सुरक्षा कंपनियाँ

✔ वे हमेशा अनुमति मांगते हैं और कानून का पालन करते हैं।

अनैतिक हैकिंग के ख़तरे

समस्या	क्या हो सकता है
ईमेल खाता हैक हुआ	आप पहुंच खो देते हैं, निजी जानकारी लीक हो जाती है
स्कूल सिस्टम में सेंध लगाई गई	अंक या छात्र डेटा बदला जा सकता है
गेम प्रोफाइल हैक हुआ	सिक्के, स्तर या दोस्त खो सकते हैं
डिवाइस पर कब्जा कर लिया गया	कोई आपके संदेशों या कैमरे पर जासूसी करता है

इसे आज़माएँ!

गतिविधि: हैकर या सहायक?

प्रत्येक चरित्र को लेबल करें:

- ब्लैक हैट (B)
- व्हाइट हैट (W)
- ग्रे हैट (G)

1. रवि एक स्कूल सर्वर में सेंध लगाता है और रिकॉर्ड हटा देता है। → __

2. आयशा एक बैंक के एप में एक बग ढूंढती है और उसकी रिपोर्ट करती है। → __

3. तन्मय अपने स्कूल के वाई-फाई को बिना अनुमति के, सिर्फ मनोरंजन के लिए एक्सप्लोर करता है। → __

उत्तर:

1 → B

2 → W

3 → G

सोचें और विचार करें

• क्या आप हैक करना सीखना चाहेंगे—लेकिन अच्छे के लिए?
• कौन सी कार्रवाई हैकर को नैतिक या अनैतिक बनाती है?
• क्या बच्चों को यह सीखना चाहिए कि नैतिक हैकिंग कैसे काम करती है?

आइए दोहराएँ

✔ हैकिंग का अर्थ है अनुमति के बिना किसी सिस्टम तक पहुँचना
✔ यह बुरा (ब्लैक हैट) या अच्छा (व्हाइट हैट) हो सकता है
✔ नैतिक हैकर्स लोगों और सिस्टम को बचाने में मदद करते हैं
✔ साइबर कानून हमें हानिकारक हैकर्स से बचाते हैं

अपनी जाँच करें

1. नैतिक हैकिंग क्या है?

A) मनोरंजन के लिए किसी दोस्त का गेम हैक करना
B) किसी सिस्टम को नुकसान पहुँचाने के लिए उसमें सेंध लगाना

C) अनुमति के साथ सिस्टम को ठीक करने और सुरक्षित रखने के लिए कौशल का उपयोग करना ✔

2. ब्लैक हैट हैकर्स क्या करते हैं?
A) वेबसाइटों को ठीक करने में मदद करते हैं
B) निष्पक्ष गेम खेलते हैं
C) डेटा चुराते या नुकसान पहुँचाते हैं ✔

3. नैतिक हैकिंग का एक सरल नियम क्या है?
A) कभी अनुमति न मांगें
B) गुप्त रूप से हैक करें
C) हमेशा अनुमति मांगें और नियमों का पालन करें ✔

किताब से आगे

मिनी प्रोजेक्ट: हैकर प्रोफाइल कार्ड बनाएँ
एक प्रकार का हैकर चुनें (ब्लैक, व्हाइट, ग्रे)। एक कार्टून चित्र बनाएँ या चिपकाएँ और इसमें भरें:
- वे क्या करते हैं
- अच्छा या बुरा?
- वास्तविक जीवन का उदाहरण (समाचार या अनुसंधान से)

आगे जानें:
अपने शिक्षक से नैतिक हैकिंग और साइबर सुरक्षा में करियर पर एक बच्चों के अनुकूल वीडियो दिखाने के लिए कहें।

चुनौती:
कक्षा में एक प्रस्तुति दें कि नैतिक हैकर्स बैंकों, स्कूलों या सरकार की रक्षा कैसे करते हैं।

अध्याय 6

साइबरबुलिंग

यह सिर्फ एक मज़ाक नहीं है

तान्या ने ऑनलाइन एक डांस वीडियो पोस्ट किया। अगले दिन, उसका इनबॉक्स बुरे टिप्पणियों से भरा था:

- "तुम रोबोट की तरह नाचती हो!"
- "तुम मज़ाकिया लगती हो!"
- "ख़ुद को शर्मिंदा करना बंद करो!"

तान्या को दुख हुआ, वह भ्रमित थी, और फिर से ऑनलाइन नहीं जाना चाहती थी।

क्या यह सिर्फ एक मज़ाक था? या कुछ और गंभीर?
यह साइबरबुलिंग का एक उदाहरण है, और यह जितना लगता है उससे कहीं अधिक हानिकारक है।

अन्वेषण करें: साइबरबुलिंग क्या है?

साइबरबुलिंग का अर्थ है डिजिटल उपकरणों—जैसे फोन, कंप्यूटर, या सोशल मीडिया—का उपयोग करके किसी को चोट पहुँचाना, चिढ़ाना, धमकाना, या शर्मिंदा करना।

यह इसके माध्यम से हो सकता है:

- संदेश या टेक्स्ट
- पोस्ट या वीडियो पर टिप्पणियाँ
- अनुमति के बिना निजी तस्वीरें साझा करना
- किसी का मज़ाक उड़ाने के लिए नकली प्रोफाइल बनाना

साइबरबुलिंग **वास्तविक धमकाना** है, भले ही यह स्क्रीन के माध्यम से किया गया हो।

यह नियमित धमकाने से कैसे अलग है?

स्कूल में धमकाना	साइबरबुलिंग
आमने-सामने होता है	उपकरणों के माध्यम से होता है
आमतौर पर स्कूल के बाद रुक जाता है	24/7 हो सकता है
कुछ लोगों द्वारा देखा जाता है	वायरल हो सकता है या सार्वजनिक हो सकता है
शारीरिक निशान छोड़ सकता है	भावनात्मक निशान छोड़ता है

साइबरबुलिंग के प्रकार

प्रकार	उदाहरण
उत्पीड़न (Harassment)	बार-बार परेशान करने वाले संदेश भेजना
आउटिंग (Outing)	किसी के रहस्य या निजी जानकारी को ऑनलाइन साझा करना
बहिष्कार (Exclusion)	जानबूझकर किसी को ऑनलाइन समूहों से बाहर करना
ट्रोलिंग (Trolling)	सिर्फ लड़ाई को उकसाने के लिए बुरे या मूर्खतापूर्ण टिप्पणियाँ पोस्ट करना
प्रतिरूपण (Impersonation)	किसी और का दिखावा करना और परेशानी पैदा करना
शर्मिंदा करना (Shaming)	किसी का मज़ाक उड़ाने के लिए शर्मनाक तस्वीरें या वीडियो साझा करना

लोग साइबरबुलिंग क्यों करते हैं?

- शक्तिशाली महसूस करने के लिए
- ध्यान या लाइक पाने के लिए
- क्योंकि वे ईर्ष्या करते हैं
- कभी-कभी उन्हें ख़ुद धमकाया जाता है

लेकिन इनमें से कोई भी बहाना नहीं है।
दूसरों को चोट पहुँचाना कभी भी ठीक नहीं है—ऑनलाइन या ऑफलाइन।

यदि आप साइबरबुलिंग का शिकार होते हैं तो क्या करें

चरण	**कार्रवाई**
जवाब न दें	शांत रहें। पलटवार न करें या कड़ा जवाब न दें।
सबूत सहेजें	संदेशों या पोस्ट के स्क्रीनशॉट लें।
धमकाने वाले को ब्लॉक करें	ऐप सेटिंग्स का उपयोग करके उन्हें ब्लॉक या म्यूट करें।
इसकी रिपोर्ट करें	अधिकांश प्लेटफॉर्म आपको बुरे व्यवहार की रिपोर्ट करने देते हैं।
वयस्कों से बात करें	इसे माता-पिता, शिक्षकों, या स्कूल प्रमुख के साथ साझा करें।

इसे आज़माएँ!

गतिविधि: क्या यह साइबरबुलिंग है?

यदि यह साइबरबुलिंग है तो ✔ और यदि नहीं तो ✘ चिन्हित करें:

स्थिति	**✘ /✔**
एक दोस्त आपको एक बार मज़ाक में मूर्खतापूर्ण नाम से बुलाता है	✘
कोई आपकी फोटो बिना पूछे पोस्ट करता है और उसका मज़ाक उड़ाता है	✔
आप किसी की राय से विनम्रतापूर्वक असहमत होते हैं	✘
एक सहपाठी आपको Rude DM भेजता रहता है, भले ही उसे रोकने को कहा गया हो	✔

सोचें और विचार करें

- क्या आपने कभी ऑनलाइन साइबरबुलिंग होते देखा है?
- क्या आपने बोला या चुप रहे? क्यों?
- अगली बार आप क्या अलग करेंगे?

आइए दोहराएँ

✔ साइबरबुलिंग फोन, एप्स या इंटरनेट के माध्यम से धमकाना है
✔ इसमें चिढ़ाना, धमकाना, बहिष्कार करना या दूसरों को शर्मिंदा करना शामिल है
✔ यह गहरा नुकसान पहुँचा सकता है और हमेशा के लिए ऑनलाइन रह सकता है
✔ अगर ऐसा होता है तो हमेशा रिपोर्ट करें, ब्लॉक करें और किसी विश्वसनीय वयस्क से बात करें
✔ ऑनलाइन दयालु और सम्मानजनक बनें—आपके शब्दों का महत्व है!

अपनी जाँच करें

1. इनमें से कौन सा साइबरबुलिंग का एक रूप है?
A) टिप्पणी में "अच्छा काम!" कहना
B) किसी का रहस्य ऑनलाइन पोस्ट करना ✔
C) ऑनलाइन गेम खेलना

2. यदि आप साइबरबुलिंग का शिकार होते हैं तो आपको सबसे पहले क्या करना चाहिए?
A) जवाब दें और बहस करें
B) सबूत के तौर पर संदेशों को सहेजें ✔
C) अपना खाता हटा दें

3. कक्षा में साइबरबुलिंग को रोकने का सबसे अच्छा तरीका क्या है?
A) इसे अनदेखा करें और उम्मीद करें कि यह चला जाएगा
B) शांत रहने के लिए धमकाने वाले के साथ शामिल हों
C) बोलें और पीड़ित का समर्थन करें ✔

किताब से आगे

दयालुता चुनौती
अपनी कक्षा में एक सप्ताह तक चलने वाला दयालुता अभियान शुरू करें:
- प्रतिदिन एक दयालु संदेश पोस्ट करें
- एक "दयालु ऑनलाइन दीवार" बनाएँ
- सहपाठियों के लिए गुमनाम तारीफें लिखें

भूमिका-निर्वहन खेल
छोटे समूहों में साइबरबुलिंग परिदृश्यों का अभिनय करें। एक छात्र धमकाने वाला होता है, एक पीड़ित होता है, और दूसरे सहायक या दर्शक होते हैं।

फिर, चर्चा करें:
- क्या ग़लत हुआ?
- क्या बेहतर किया जा सकता था?

अध्याय 7

ऑनलाइन स्कैम

और नकली संदेश

ईशान को अपने गेम एप पर एक रोमांचक संदेश मिला:
"आपने 10,000 हीरे जीते हैं! अपना पुरस्कार प्राप्त करने के लिए यहां क्लिक करें!" उसने लिंक पर क्लिक किया—और अचानक, एप बंद हो गया, उसका फोन फ्रीज़ हो गया, और अजीब विज्ञापन पॉप अप होने लगे। ईशान अभी-अभी एक ऑनलाइन स्कैम का शिकार हुआ था। स्कैम क्या होते हैं? वे क्यों होते हैं? हम उन्हें कैसे पहचान सकते हैं और रोक सकते हैं?

अन्वेषण करें: ऑनलाइन स्कैम क्या हैं?

एक ऑनलाइन स्कैम तब होता है जब कोई आपको नकली संदेशों, ऑफ़र या वेबसाइटों का उपयोग करके व्यक्तिगत जानकारी या पैसा देने के लिए धोखा देता है।

स्कैमर अपने संदेशों को ऐसा दिखाने की कोशिश करते हैं:

- बहुत **रोमांचक** या डरावना
- जैसे वे **असली कंपनियों** से हैं
- जैसे उन्हें आपके त्वरित कार्रवाई की आवश्यकता है

वे इनके माध्यम से आ सकते हैं:

- SMS
- ईमेल
- गेम या एप नोटिफिकेशन
- सोशल मीडिया DM
- पॉप-अप विज्ञापन

बच्चों को जिन सामान्य ऑनलाइन स्कैम का सामना करना पड़ता है

स्कैम का प्रकार	यह क्या कहता है	चाल
नकली पुरस्कार अलर्ट	"आपने ₹10,000 जीते! यहां क्लिक करें!"	आपका डेटा चुराता है या वायरस इंस्टॉल करता है
मुफ्त गेम कॉइन	"अभी असीमित हीरे प्राप्त करें!"	खाते में लॉगिन या भुगतान मांगता है
नकली ऐप डाउनलोड	"नया कूल गेम! अभी डाउनलोड करें!"	मैलवेयर से डिवाइस को संक्रमित करता है
नकली चैरिटी स्कैम	"आज गरीब बच्चों की मदद के लिए दान करें!"	यूपीआई या कार्ड धोखाधड़ी के माध्यम से पैसे चुराता है
डरावने संदेश	"आपका खाता 1 घंटे में हटा दिया जाएगा!"	आपको जल्दी में विवरण देने के लिए मजबूर करता है

रेड फ़्लैग्स – स्कैम को पहचानें!

- **सच होने के लिए बहुत अच्छा लगता है?** यह शायद नकली है।
- **ख़राब व्याकरण या वर्तनी?** यह एक स्कैमर हो सकता है।
- **डर या लालच के साथ तत्काल संदेश?** शांत रहें, जल्दी कार्रवाई न करें।
- **पैसे या पासवर्ड मांगना? कभी भी** साझा न करें।
- **अज्ञात लिंक?** क्लिक न करें!

जब आप कोई स्कैम देखें तो क्या करें

1. क्लिक न करें
संदिग्ध संदेशों को अनदेखा करें या हटा दें।
2. जानकारी साझा न करें
अपना नाम, उम्र, स्कूल या पासवर्ड कभी दर्ज़ न करें।
3. ब्लॉक करें और रिपोर्ट करें
स्कैम की रिपोर्ट करने के लिए एप या वेबसाइट टूल का उपयोग करें।
4. किसी विश्वसनीय वयस्क को बताएं
इसे तुरंत माता-पिता, शिक्षकों या अभिभावकों के साथ साझा करें।

इसे आजमाएँ

गतिविधि: स्कैम है या नहीं?
यदि यह स्कैम है तो ✔ पर गोला लगाएँ, यदि यह सुरक्षित है तो ✘ पर:

संदेश	✘ /✔
"आपने ₹1 लाख जीते! अपने बैंक विवरण अभी भेजें।"	✔
आपके शिक्षक आपको अपने स्कूल आईडी पर होमवर्क ईमेल करते हैं।	✘

एक पॉप-अप कहता है "अपने फोन को साफ करने के लिए इस एंटीवायरस को डाउनलोड करें।"	✔
एक दोस्त स्कूल परियोजना में मदद मांगता है।	✘

सोचें और विचार करें

- क्या आपको कभी कोई स्कैम संदेश या नकली पॉप-अप मिला है?
- यदि कोई दोस्त एक संदिग्ध लिंक साझा करता है तो आप क्या करेंगे?
- आपको क्यों लगता है कि लोग नकली पुरस्कारों के झाँसे में आ जाते हैं?

आइए दोहराएँ

✔ ऑनलाइन स्कैम आपको व्यक्तिगत डेटा या पैसे साझा करने के लिए धोखा देते हैं

✔ वे अक्सर नकली पुरस्कार, डरावने संदेश या मुफ्त ऑफ़र का उपयोग करते हैं

✔ सतर्क रहें, क्लिक करने से पहले सोचें, और कभी भी जल्दी में कार्रवाई न करें

✔ स्कैम की रिपोर्ट करें और मदद के लिए हमेशा किसी विश्वसनीय वयस्क से पूछें

अपनी जाँच करें

1. ऑनलाइन स्कैम का संकेत क्या है?

A) आपके सहपाठी का एक दयालु संदेश

B) वर्तनी की त्रुटियों और नकली पुरस्कारों वाला संदेश ✔

C) आपके क्लास ग्रुप पर एक स्कूल नोटिस

2. जब आप कोई संदिग्ध लिंक देखते हैं तो आपको क्या करना चाहिए?

A) यह क्या है यह देखने के लिए क्लिक करें

B) इसे अपने सभी दोस्तों को भेजें

C) क्लिक न करें और किसी वयस्क को बताएं ✔

3. स्कैमर संदेशों को तत्काल क्यों बनाते हैं?

A) ताकि आप शांत रहें

B) ताकि आप अपना समय लें

C) ताकि आप घबराएँ और बिना सोचे-समझे जल्दी कार्रवाई करें ✔

किताब से आगे

एक "स्कैम वॉच" दीवार बनाएँ

अपने सहपाठियों के साथ, एक दीवार चार्ट डिज़ाइन करें:

- सामान्य स्कैम ट्रिक्स
- दृश्य उदाहरण (चित्रित या मुद्रित)
- यदि आप कोई देखते हैं तो क्या करें

कक्षा का खेल: स्कैम को पहचानें
आपके शिक्षक छोटे संदेश पढ़ते हैं। छात्र स्कैम के लिए लाल कार्ड और सुरक्षित के लिए हरा कार्ड उठाते हैं। फिर समझाएँ कि क्यों!

अध्याय 8

स्मार्ट सोशल मीडिया का उपयोग

दिखें, सुरक्षित रहें

सिमरन अभी 13 साल की हुई थी और उसने अपना पहला इंस्टाग्राम अकाउंट बनाया। उसने अपनी जन्मदिन की पार्टी की तस्वीरें पोस्ट कीं। अगले दिन, उसके 50 नए फॉलोअर्स थे—कुछ अजनबी थे।

एक व्यक्ति ने उसे संदेश भेजा:
"अरे! तुम बहुत अच्छी हो! दोस्त बनना चाहती हो?"

क्या उसे जवाब देना चाहिए? क्या यह सुरक्षित है?
सोशल मीडिया रोमांचक हो सकता है—लेकिन मुश्किल भी।

आइए जानें कि सोशल प्लेटफॉर्म पर स्मार्ट कैसे रहें!

अन्वेषण करें: सोशल मीडिया क्या है?

सोशल मीडिया में ऐसी वेबसाइटें और एप शामिल हैं जहाँ लोग:
- फोटो या वीडियो साझा करते हैं
- चैट और टिप्पणी करते हैं
- राय या अपडेट पोस्ट करते हैं
- समूहों और रुझानों में शामिल होते हैं

बच्चों और किशोरों के लिए लोकप्रिय प्लेटफॉर्म:
- इंस्टाग्राम
- व्हाट्सएप
- यूट्यूब
- स्नैपचैट
- डिस्कॉर्ड

ये प्लेटफॉर्म हमें जोड़ते हैं—लेकिन हमें उनका बुद्धिमानी और सुरक्षित रूप से उपयोग करना चाहिए।

स्मार्ट सोशल मीडिया की आदतें

करें	न करें
एक निजी खाते का उपयोग करें	सार्वजनिक प्रोफाइल में अपना पूरा नाम उपयोग करें
केवल दोस्तों के साथ पोस्ट साझा करें	अपना घर का पता या स्कूल का नाम पोस्ट करें
पोस्ट करने से पहले सोचें	गुस्से में या परेशान होने पर पोस्ट करें

अशिष्ट लोगों को ब्लॉक/रिपोर्ट करें	अजनबियों से चैट करें या अज्ञात संदेशों का जवाब दें
साइन अप करने से पहले माता-पिता/अभिभावक की अनुमति लें	ऑनलाइन जो कुछ भी आप देखते हैं उस पर विश्वास करें

गोपनीयता सेटिंग्स मायने रखती हैं!

हमेशा:

- सेटिंग्स में **गोपनीयता चालू करें** (केवल दोस्त आपकी पोस्ट देख सकते हैं)।
- **स्थान साझाकरण अक्षम करें।**
- अपनी असली जन्मदिन, फोन या पता ऑनलाइन उपयोग करने से बचें।

दोस्तों के साथ भी, याद रखें:

एक बार पोस्ट किया = हमेशा ऑनलाइन

क्या पोस्ट न करें

- घर की तस्वीरें जो आपके **पते या कमरे के विवरण** को दर्शाती हैं।
- **दैनिक दिनचर्या** (जैसे जब आप घर पर अकेले हों)।
- **दूसरों की तस्वीरें** बिना अनुमति के।
- निजी संदेशों के **स्क्रीनशॉट**।
- **हानिकारक या बुरे टिप्पणी।**

नियम: यदि आप इसे आमने-सामने नहीं कहेंगे, तो इसे ऑनलाइन पोस्ट न करें।

क्या ग़लत हो सकता है?

गलत कार्रवाई	**संभावित परिणाम**
गोपनीयता सेटिंग्स के बिना सार्वजनिक रूप से पोस्ट करना	अजनबी आपकी सामग्री देख सकते हैं और उसका दुरुपयोग कर सकते हैं
अजनबियों से मित्र अनुरोध स्वीकार करना	वे नकली या खतरनाक हो सकते हैं
स्कूल यूनिफॉर्म में अपनी फोटो साझा करना	आपका स्थान या स्कूल की पहचान ज्ञात हो जाती है
दूसरों की पोस्ट पर अशिष्ट टिप्पणी करना	साइबरबुलिंग या खाते की रिपोर्टिंग का कारण बन सकता है

इसे आज़माएँ!

सुरक्षित या असुरक्षित? ✔ या ✘ चिन्हित करें

सोशल मीडिया गतिविधि	**✘ /✔**
अपने प्रोफाइल पिक्चर के रूप में एक कार्टून का उपयोग करना	✔
जब आप अभी भी छुट्टी पर हों तो अपना छुट्टी का स्थान पोस्ट करना	✘
केवल उन लोगों को फॉलोअर्स के रूप में स्वीकार करना जिन्हें आप जानते हैं	✔
अपनी स्कूल आईडी कार्ड को एक स्टोरी में साझा करना	✘

सोचें और विचार करें

• लोग अपने बारे में इतना कुछ ऑनलाइन क्यों पोस्ट करते हैं?
• क्या आपने कभी कुछ ऐसा पोस्ट किया है जिसे आपने बाद में हटा दिया? क्यों?
• आप सोशल मीडिया को एक दयालु जगह कैसे बना सकते हैं?

आइए दोहराएँ

✔ सोशल मीडिया हमें जोड़ता है लेकिन सावधानीपूर्वक उपयोग की भी आवश्यकता है
✔ हमेशा खातों को निजी रखें और बहुत अधिक साझा करने से बचें
✔ सम्मानजनक और दयालु बनें—आपके शब्दों का महत्व है
✔ पोस्ट करने से पहले सोचें: क्या यह सच है, दयालु है और आवश्यक है?
✔ अगर आपको ऑनलाइन असहज महसूस होता है, तो किसी वयस्क से बात करें

अपनी जाँच करें

1. सोशल मीडिया पोस्टिंग के लिए एक अच्छा नियम क्या है?
A) अपने दिन का हर विवरण साझा करें
B) अपनी सेटिंग्स की जांच किए बिना पोस्ट करें
C) पोस्ट करने से पहले सोचें और अपनी गोपनीयता की रक्षा करें ✔

2. यदि कोई आपको एक अजीब संदेश भेजता है तो आपको क्या करना चाहिए?
A) जल्दी जवाब दें
B) ब्लॉक करें और रिपोर्ट करें ✔
C) उन्हें दोस्त के रूप में जोड़ें

3. क्या ऑनलाइन अपने स्कूल का नाम और स्थान पोस्ट करना सुरक्षित है?

A) हाँ, यह मज़ेदार है

B) नहीं, यह व्यक्तिगत जानकारी प्रकट करता है ✔

C) केवल सप्ताहांत पर

किताब से आगे

अपनी सोशल मीडिया सुरक्षा पोस्टर बनाएँ

एक पोस्टर डिज़ाइन करें जिसमें हो:

- 3 स्मार्ट चीज़ें जो करें
- 3 चीजें जो कभी न करें
- एक आकर्षक नारा: "दो बार सोचो, एक बार पोस्ट करो!" या "निजी शक्तिशाली है!"

कक्षा में भूमिका-निर्वहन

एक सोशल मीडिया परिदृश्य का अभिनय करें:

- एक छात्र कुछ पोस्ट करता है
- अन्य दोस्त, अजनबी या शिक्षक के रूप में प्रतिक्रिया करते हैं

फिर चर्चा करें:

- क्या अच्छा था?
- किससे बचना चाहिए?

अध्याय 9

मजबूत पासवर्ड और

सुरक्षित उपकरण

रुद्र अपने गेमिंग अकाउंट से बाहर हो गया था। किसी ने उसका पासवर्ड—rudra123—अनुमान लगा लिया था और सब कुछ बदल दिया था। उसने अपनी सारी गेम प्रगति खो दी।

"मैंने एक मज़बूत पासवर्ड का उपयोग क्यों नहीं किया?" उसने सोचा। ठीक वैसे ही जैसे आपके स्कूल बैग में एक जिप होती है, आपकी ऑनलाइन दुनिया को भी एक ताले की ज़रूरत होती है। आइए जानें कैसे।

अन्वेषण करें: पासवर्ड क्यों मायने रखते हैं?

आपका **पासवर्ड** आपके डिजिटल घर की चाबी की तरह है।
एक **कमज़ोर पासवर्ड** = हैकर्स के लिए एक खुला दरवाज़ा।

एक मज़बूत पासवर्ड = एक मज़बूत ताला जो आपकी व्यक्तिगत दुनिया की रक्षा करता है।

आपको पासवर्ड की आवश्यकता होती है:

- ईमेल
- गेम्स
- सोशल मीडिया
- ऑनलाइन लर्निंग एप्स
- फोन या लैपटॉप जैसे उपकरण

एक मज़बूत पासवर्ड क्या बनाता है?

✔ कम से कम 8 अक्षर
✔ बड़े अक्षरों, छोटे अक्षरों, संख्याओं और प्रतीकों का मिश्रण
✔ आपका नाम, जन्मदिन या पालतू जानवर का नाम नहीं
✔ याद रखने में आसान, अनुमान लगाने में कठिन

मज़बूत पासवर्ड के उदाहरण:

- R@inbow7Tree!
- ZooFun_89#
- Mango4$Ever

कमज़ोर पासवर्ड:

- password
- 123456
- myname123
- abcd

पासवर्ड सुरक्षा युक्तियाँ

करें	न करें
अपने पासवर्ड अक्सर बदलें	हर जगह एक ही पासवर्ड का उपयोग करें
अपने पासवर्ड निजी रखें	अपना पासवर्ड साझा करें—दोस्तों के साथ भी
प्रत्येक ऐप के लिए अलग-अलग पासवर्ड का उपयोग करें	उन्हें अपनी नोटबुक पर लिखें
पासवर्ड मैनेजर ऐप्स का उपयोग करें (मदद से)	पुराने या आसान पासवर्ड का पुनः उपयोग करें

डिवाइस सुरक्षा नियम

ठीक पासवर्ड की तरह, आपके उपकरणों को भी सुरक्षा की आवश्यकता है!

सुरक्षित उपकरणों के लिए युक्तियाँ:

- स्क्रीन लॉक का उपयोग करें (पिन, पैटर्न या फिंगरप्रिंट)
- अपने डिवाइस को खुला और लावारिस कभी न छोड़ें
- एंटीवायरस सुरक्षा स्थापित करें
- एप्स और सॉफ़्टवेयर को अपडेट रखें
- अज्ञात वाई-फाई नेटवर्क से कनेक्ट न करें

इसे आज़माएँ!

गतिविधि: मज़बूत या कमज़ोर?

यदि पासवर्ड मज़बूत है तो 4 और यदि कमज़ोर है तो 8 चिन्हित

करें:

पासवर्ड	✘ /✔
cat123	✘
P@ndaRocks89!	✔
yourname2008	✘
H0tChoco$un	✔

सोचें और विचार करें

• क्या आप हर जगह एक ही पासवर्ड का उपयोग करते हैं?
• क्या आपने पहले कभी किसी के साथ अपना पासवर्ड साझा किया है? क्यों?
• अगर आपके स्कूल आईडी का पासवर्ड हैक हो जाए तो क्या होगा?

आइए दोहराएँ

✔ पासवर्ड आपके खातों को ताले की तरह सुरक्षित रखते हैं
✔ मज़बूत पासवर्ड में अक्षर, संख्या और प्रतीकों का मिश्रण होता है
✔ अपना पासवर्ड कभी साझा न करें—दोस्तों के साथ भी नहीं
✔ उपकरणों को लॉक, अपडेटेड और वायरस-मुक्त रखें
✔ अपने पासवर्ड को टूथब्रश की तरह समझें: इसे साझा न करें!

अपनी जाँच करें

1. एक मज़बूत पासवर्ड किससे बना होता है?
A) केवल आपका नाम
B) अक्षरों, संख्याओं और प्रतीकों का मिश्रण ✔

C) आपका पसंदीदा फल

2. आपको अपने पासवर्ड के साथ कभी क्या नहीं करना चाहिए?

A) इसे अपने सबसे अच्छे दोस्त के साथ साझा करें ✔

B) इसे नियमित रूप से बदलें

C) इसे निजी रखें

3. इनमें से कौन सा एक अच्छा डिवाइस सुरक्षा नियम है?

A) अपने फोन को स्कूल में खुला छोड़ दें

B) हमेशा अपने ऐप्स को अपडेट करें ✔

C) अपने पासवर्ड को अपनी स्कूल डेस्क पर लिखें

किताब से आगे

अपना "सुपर पासवर्ड" शील्ड डिज़ाइन करें

एक शील्ड बनाएँ और लिखें:

- आपके पासवर्ड युक्तियाँ
- 2 नमूना मज़बूत पासवर्ड
- एक सुरक्षा नारा:

"पासवर्ड आपकी रक्षा करते हैं!" या

"इसे लॉक करें या खो दें!"

घर का काम: टेक सुरक्षा जांच

अपने माता-पिता के साथ, जांच करें:

- क्या आपके उपकरण लॉक हैं?
- क्या आपके एप्स अपडेटेड हैं?
- क्या आपके पासवर्ड मज़बूत और अद्वितीय हैं?

अध्याय 10

अगर कुछ ग़लत होता है

तो क्या करें – बोलें, सुरक्षित रहें

नैना को एक अज्ञात उपयोगकर्ता से एक अजीब संदेश मिला:
"मुझे पता है कि तुम कहाँ रहती हो। मुझे एक तस्वीर भेजो या मैं तुम्हारे माता-पिता को बता दूँगा कि तुम अजनबियों से चैट कर रही हो!" नैना डर गई और भ्रमित थी। उसे नहीं पता था कि क्या करना है। कई बच्चे ऑनलाइन कुछ गलत होने पर ऐसा ही महसूस करते हैं।
लेकिन हमेशा एक रास्ता होता है।
आइए जानें कि डिजिटल दुनिया में चीज़ें ग़लत होने पर क्या करें।

अन्वेषण करें: संकेत कि ऑनलाइन कुछ ठीक नहीं है

कभी-कभी, इंटरनेट असहज या यहाँ तक कि डरावना भी महसूस होता है। तब त्वरित, स्मार्ट कार्रवाई करने का समय होता है।

रेड फ्लैग	इसका क्या मतलब हो सकता है
एक अजनबी आपको लगातार संदेश या धमकी देता है	साइबरस्टॉकिंग या ब्लैकमेल
आपने एक लिंक पर क्लिक किया और आपका डिवाइस फ्रीज़ हो गया	वायरस या मैलवेयर हमला
आपको ऑनलाइन चिढ़ाया या धमकाया जा रहा है	साइबरबुलिंग
किसी ने आपकी फोटो बिना अनुमति के पोस्ट की	गोपनीयता का उल्लंघन या प्रतिरूपण
आपको डरा हुआ, चिंतित या असहज महसूस होता है	ऑनलाइन गतिविधि का भावनात्मक प्रभाव

क्या करें – चरण-दर-चरण

1. शांत रहें
साँस लें। घबराएँ नहीं। आप अकेले नहीं हैं।

2. कुछ भी न मिटाएँ
संदेशों या पोस्ट के स्क्रीनशॉट लें—यह सबूत है।

3. किसी विश्वसनीय वयस्क को तुरंत बताएं
एक माता-पिता, शिक्षक या स्कूल काउंसलर मदद कर सकते हैं।

4. रिपोर्ट करें और ब्लॉक करें
हर प्लेटफॉर्म में उपयोगकर्ताओं को ब्लॉक और रिपोर्ट करने के विकल्प होते हैं।

5. धमकियों का जवाब देने से बचें
बहस या जवाब न दें। इससे चीज़ें बदतर हो सकती हैं।

6. अपने पासवर्ड बदलें
यदि आपका खाता हैक या दुरुपयोग किया गया था।

कौन मदद कर सकता है?

भारत में, आप **चाइल्डलाइन** 1098 पर भी कॉल कर सकते हैं या **www.cybercrime.gov.in** पर रिपोर्ट कर सकते हैं।

सहायक	इसका क्या मतलब हो सकता है
माता-पिता/अभिभावक	वे आपकी कैसे मदद करते हैं
शिक्षक	आपको भावनात्मक रूप से सुरक्षित रहने और तेजी से कार्य करने में मदद करते हैं
स्कूल काउंसलर	स्कूल के भीतर मुद्दों को आगे बढ़ा सकते हैं
पुलिस/साइबर सेल	आपकी बात सुनते हैं, मानसिक स्वास्थ्य का समर्थन करते हैं

क्या करें – चरण-दर-चरण

भारत के **आईटी अधिनियम और पॉक्सो अधिनियम** के तहत:
- कोई भी आपकी फोटो आपकी अनुमति के बिना साझा नहीं कर सकता
- कोई भी आपको ऑनलाइन धमका या डरा नहीं सकता
- कोई भी बच्चे से निजी या अनुचित सामग्री नहीं मांग सकता

ये कार्य दंडनीय अपराध हैं।

इसे आजमाएँ

कौन सी कार्रवाई सही है? (सही प्रतिक्रिया पर ✔ का निशान लगाएँ)

स्थिति	कार्रवाई
एक सहपाठी आपको एक समूह चैट में लगातार चिढ़ाता रहता है	✔ अपने शिक्षक या माता-पिता को बताएं
आपने एक संदिग्ध लिंक पर क्लिक किया और अब आपका फोन गड़बड़ कर रहा है	✔ एक माता-पिता को सूचित करें और डिवाइस को स्कैन करें
आपको एक ऑनलाइन संदेश के बारे में डर लगता है	✘ इसे गुप्त रखें ✔ एक वयस्क के साथ साझा करें
कोई आपको धमकी भरी फोटो भेजता है	✘ अपनी खुद की जवाब दें ✔ एक स्क्रीनशॉट लें + रिपोर्ट करें

उत्तर: हमेशा किसी वयस्क को बताएं, सबूत सहेजें, और अकेले कभी जवाब न दें।

सोचें और विचार करें

- क्या आप कभी ऐसी स्थिति में थे जहाँ आपको ऑनलाइन क्या करना है यह नहीं पता था?
- मदद माँगना कभी-कभी कठिन क्यों होता है?
- हम अपने दोस्तों के लिए भी बोलने को आसान कैसे बना सकते हैं?

आइए दोहराएँ

✔ यदि ऑनलाइन कुछ ग़लत होता है, तो घबराएँ नहीं—स्मार्ट तरीके से कार्य करें
✔ किसी विश्वसनीय वयस्क को तुरंत बताएं
✔ बुरे संदेशों या पोस्ट के स्क्रीनशॉट लें
✔ व्यक्ति या सामग्री को रिपोर्ट करें और ब्लॉक करें
✔ आपकी सुरक्षा सबसे पहले आती है—आपको ऑनलाइन सुरक्षित रहने का अधिकार है

अपनी जाँच करें

MCQs

1. यदि कोई आपको डरावना संदेश भेजता है तो आपको क्या करना चाहिए?

A) गुस्से में जवाब दें
B) ब्लॉक करें और रिपोर्ट करें, फिर किसी वयस्क को बताएं ✔
C) इसे गुप्त रखें

2. आपको संदेशों या स्क्रीनशॉट को क्यों सहेजना चाहिए?

A) धमकाने वाले को डराने के लिए
B) बाद में हटाने के लिए
C) रिपोर्टिंग के लिए सबूत रखने के लिए ✔

3. ऑनलाइन अपराधों में मदद के लिए आप भारत में किससे संपर्क कर सकते हैं?

A) एक गेमिंग एप
B) Cybercrime.gov.in या चाइल्डलाइन 1098 ✔
C) सोशल मीडिया फॉलोअर्स

किताब से आगे

इसे अभिनय करें: साइबर समस्या हेल्प डेस्क

4 के समूहों में:

- एक बच्चा पीड़ित है
- एक धमकाने वाला/अजनबी है
- एक सहायक है
- एक शिक्षक/माता-पिता है

छोटे-छोटे नाटक प्रस्तुत करें जिनमें दिखाया गया हो:

- क्या गलत हुआ
- बच्चे को क्या करना चाहिए
- वयस्क समस्या को हल करने में कैसे मदद करते हैं

कक्षा पोस्टर दीवार

संदेशों वाले पोस्टर बनाएँ जैसे:

- "बोलो, सुरक्षित रहो"
- "चुपचाप पीड़ित न हों"
- "सहेजें, ब्लॉक करें, रिपोर्ट करें!"

अध्याय 11

आपको ऑनलाइन बचाने वाले कानून

अपने डिजिटल अधिकारों को जानें

आरव को एक बड़े किशोर द्वारा ऑनलाइन धमकाया जा रहा था। उसने सोचा, "मैं कुछ नहीं कर सकता। कोई मेरी बात नहीं सुनेगा।" लेकिन उसकी शिक्षिका ने कहा,

"आरव, तुम कानून द्वारा संरक्षित हो। तुम्हारे साथ जो हुआ वह एक अपराध है—और तुम्हें इसकी रिपोर्ट करने का अधिकार है।" हाँ, बच्चों के भी डिजिटल अधिकार होते हैं—और उन्हें सुरक्षित रखने के लिए कानून भी हैं। आइए उन नियमों को समझें जो आपको ऑनलाइन सुरक्षित रखते हैं!

अन्वेषण करें: साइबर कानून क्या हैं?

साइबर कानून सरकार द्वारा बनाए गए नियम हैं जो:

- लोगों को ऑनलाइन अपराधों से बचाते हैं

• इंटरनेट का दुरुपयोग करने वालों को दंडित करते हैं
• बच्चों को धमकाने, धमकियों और नुकसान से सुरक्षित रखते हैं

जैसे सड़कों को सुरक्षित रखने के लिए यातायात नियम होते हैं, वैसे ही इंटरनेट को सुरक्षित स्थान बनाने के लिए साइबर कानून होते हैं।

बच्चों को ऑनलाइन बचाने वाले कानून (भारत)

कानून	यह क्या करता है
सूचना प्रौद्योगिकी (आईटी) अधिनियम, 2000	हैकिंग, डेटा चोरी, साइबरबुलिंग, ऑनलाइन धमकियों को रोकता है
पॉक्सो अधिनियम, 2012	बच्चों को ऑनलाइन यौन शोषण, ग्रूमिंग और अनुचित सामग्री से बचाता है
निजता का अधिकार (अनुच्छेद 21)	आपकी व्यक्तिगत जानकारी को निजी रखता है—कोई भी इसे अनुमति के बिना साझा नहीं कर सकता
किशोर न्याय अधिनियम	बच्चों द्वारा या उनके खिलाफ अपराधों को संभालता है, जिसमें साइबर-संबंधित अपराध भी शामिल हैं

एक बच्चे के रूप में आपके ऑनलाइन अधिकार

✔ सुरक्षित रहने का अधिकार – कोई भी आपको ऑनलाइन धमका, परेशान या गाली नहीं दे सकता है
✔ निजता का अधिकार – आपकी तस्वीरें, वीडियो और जानकारी अनुमति के बिना साझा नहीं की जा सकती है
✔ ना कहने का अधिकार – आप किसी भी ऐसे व्यक्ति को ना कह सकते हैं

जो व्यक्तिगत विवरण या छवियाँ मांग रहा हो
✔ रिपोर्ट करने का अधिकार – आप किसी भी ऑनलाइन धमकी की रिपोर्ट विश्वसनीय वयस्कों या साइबर पुलिस को कर सकते हैं

रिपोर्ट करने योग्य ऑनलाइन अपराध (बच्चों के लिए भी!)

- साइबरबुलिंग
- धमकियाँ या ब्लैकमेल
- निजी तस्वीरों को सहमति के बिना साझा करना
- अनुचित संदेश या सामग्री
- आपके नाम या छवि का उपयोग करके नकली प्रोफाइल
- ऑनलाइन ग्रूमिंग या अजनबियों द्वारा व्यक्तिगत जानकारी मांगना

ये "ग़लतियाँ" नहीं हैं — ये अपराध हैं।

ऑनलाइन अपराध की रिपोर्ट कैसे करें

1. एक विश्वसनीय वयस्क से बात करें।

2. सबूत इकट्ठा करें (स्क्रीनशॉट, लिंक, उपयोगकर्ता नाम)।1

3. इस पर एक रिपोर्ट दाख़िल करें:
www.cybercrime.gov.in2
या चाइल्डलाइन 1098 पर कॉल करें

4. एप या वेबसाइट पर रिपोर्ट करें (इंस्टाग्राम, यूट्यूब, व्हाट्सएप)। अपनी सुरक्षा के लिए आप गुमनाम रूप से (अपना नाम बताए बिना) भी रिपोर्ट दर्ज़ कर सकते हैं।

इसे आज़माएँ!

कौन सा कानून या अधिकार लागू होता है? उन्हें मिलाएँ!

स्थिति	कानून या अधिकार
1. कोई आपकी फोटो बिना पूछे पोस्ट करता है	निजता का अधिकार
2. एक अजनबी आपको अनुचित संदेश भेजता है	पॉक्सो अधिनियम
3. आप स्कूल की वेबसाइट पर साइबरबुलिंग की रिपोर्ट करते हैं	रिपोर्ट करने का अधिकार
4. कोई आपका खाता हैक करता है और आपकी जानकारी बदल देता है	आईटी अधिनियम

उत्तर: 1→ निजता का अधिकार, 2→ पॉक्सो, 3→ रिपोर्ट करने का अधिकार, 4→ आईटी अधिनियम

सोचें और विचार करें

• ऑनलाइन अपने अधिकारों को जानना क्यों महत्वपूर्ण है?
• ये कानून आपको ऑनलाइन अधिक आत्मविश्वास महसूस करने में कैसे मदद कर सकते हैं?
• यदि आप जानते हैं कि कोई साइबर अपराध की रिपोर्ट करने से डरता है तो आपको क्या करना चाहिए?

आइए दोहराएँ

✔ साइबर कानून बच्चों को ऑनलाइन अपराधों से बचाते हैं
✔ आईटी अधिनियम, पॉक्सो अधिनियम और निजता का अधिकार आपको

सुरक्षित रखने में मदद करते हैं
✔ आपको ना कहने, ब्लॉक करने और रिपोर्ट करने का अधिकार है
✔ आप ऑनलाइन या विश्वसनीय वयस्कों के माध्यम से रिपोर्ट दर्ज कर सकते हैं
✔ कानून निर्दोष उपयोगकर्ताओं जैसे आपको बचाने के लिए हैं—दंडित करने के लिए नहीं

अपनी जाँच करें

1. पॉक्सो अधिनियम बच्चों को किससे बचाता है?

A) सड़क दुर्घटनाएँ

B) ऑनलाइन गेम

C) ऑनलाइन दुर्व्यवहार और अनुचित सामग्री ✔

2. क्या कोई आपकी अनुमति के बिना आपकी फोटो ऑनलाइन पोस्ट कर सकता है?

A) हाँ, यह सिर्फ एक फोटो है

B) नहीं, यह आपके निजता के अधिकार का उल्लंघन करता है ✔

C) केवल तभी जब यह मज़ेदार हो

3. आप भारत में साइबर अपराधों की रिपोर्ट कहाँ कर सकते हैं?

A) सोशल मीडिया DM

B) www.cybercrime.gov.in या चाइल्डलाइन 1098 ✔

C) स्कूल व्हाट्सएप ग्रुप

किताब से आगे

मिनी प्रोजेक्ट: एक "बच्चों के लिए डिजिटल अधिकार" स्क्रॉल बनाएँ
एक लंबी शीट पर लिखें:

- हर बच्चे के ऑनलाइन 5 अधिकार
- ऑनलाइन अपराधों के 3 उदाहरण
- मदद के लिए कहाँ जाना है

कक्षा बहस

विषय: "क्या बच्चों को स्कूल में साइबर कानूनों के बारे में सीखना चाहिए?"
दो टीमें बनाएँ—पक्ष में और विपक्ष में।
प्रत्येक टीम को बोलने दें, फिर कक्षा के रूप में मतदान करें।

अध्याय 12

बच्चों की वास्तविक जीवन की

साइबर कहानियाँ – उनकी ग़लतियों से सीखें

कभी-कभी, हम कहानियों से सबसे अच्छा सीखते हैं—ख़ासकर जब वे वास्तविक हों। इस अध्याय में, आप अपने जैसे बच्चों से मिलेंगे जिन्होंने ऑनलाइन समस्याओं का सामना किया। कुछ ने ग़लतियाँ कीं। कुछ ने स्मार्ट तरीके से काम किया। सभी के पास सिखाने के लिए कुछ न कुछ था।
आइए पढ़ें, विचार करें और याद रखें:
साइबर सुरक्षा सिर्फ सिद्धांत नहीं है—यह वास्तविक है।

कहानी 1: मुफ़्त गेम का जाल

कौन: अयान, कक्षा 6
क्या हुआ:
अयान को ऑनलाइन गेम पसंद थे। एक दिन, उसने एक लिंक देखा:

"अपने चरित्र के लिए मुफ्त स्किन अनलॉक करें! यहां क्लिक करें!"
उसने उस पर क्लिक किया, अपनी गेम लॉगिन जानकारी दर्ज़ की, और... उसका खाता चोरी हो गया।

सबक:

• अज्ञात गेम लिंक पर कभी क्लिक न करें।
• किसी भी साइट पर लॉगिन करने से पहले हमेशा माता-पिता से जांच करें।
• स्कैमर अक्सर नकली गेमिंग ऑफ़र के माध्यम से बच्चों को निशाना बनाते हैं।

कहानी 2: जब दोस्ती बहुत आगे निकल गई

कौन: दिया, कक्षा 7
क्या हुआ:
दिया एक लड़के "आर्यन" के साथ ऑनलाइन दोस्त बन गई। वह अच्छा लग रहा था। लेकिन बाद में, उसने व्यक्तिगत तस्वीरें मांगीं और धमकी दी कि अगर उसने जवाब नहीं दिया तो वह उसकी चैट साझा कर देगा।

दिया ने क्या सही किया:

• उसने तुरंत अपनी माँ को बताया
• उन्होंने स्क्रीनशॉट लिए और cybercrime.gov.in पर शिकायत दर्ज़ की4
• उसके माता-पिता ने उपयोगकर्ता को ब्लॉक कर दिया और उसके खातों को रीसेट कर दिया

सबक:

• अजनबियों पर भरोसा न करें, भले ही वे दयालु लगें
• ऑनलाइन दोस्तों के साथ कभी भी फोटो या व्यक्तिगत जानकारी साझा न करें

• जब आप असहज महसूस करें तो हमेशा किसी विश्वसनीय वयस्क से बात करें

कहानी 3: क्लास ग्रुप में धमकाने वाला

कौन: ईशान, कक्षा 8
क्या हुआ:
एक सहपाठी ने स्कूल के व्हाट्सएप ग्रुप में ईशान को चिढ़ाना शुरू कर दिया।

"तुम्हारे जवाब हमेशा ग़लत होते हैं!"

"स्मार्ट होने का दिखावा मत करो।"

चिढ़ाना नाम पुकारने में बदल गया, और अन्य लोग भी इसमें शामिल हो गए।

ईशान ने क्या किया:
• संदेशों के स्क्रीनशॉट लिए
• उन्हें अपने कक्षा शिक्षक के साथ साझा किया
• स्कूल ने कार्रवाई की और पूरी कक्षा को साइबरबुलिंग पर शिक्षित किया

सबक:
• चुप न रहें—धमकाने के खिलाफ़ बोलें
• शिक्षक और स्कूल मदद कर सकते हैं
• ऑनलाइन अपमानजनक शब्द अभी भी धमकाना हैं और उन्हें रोका जाना चाहिए

कहानी 4: पासवर्ड की समस्याएँ

कौन: मेहुल, कक्षा 5
क्या हुआ:
मेहुल ने अपने स्कूल का ईमेल पासवर्ड अपने सबसे अच्छे दोस्त के साथ "बस एक बार" साझा किया। लेकिन जल्द ही, किसी ने उसके खाते से मूर्खतापूर्ण संदेश भेजे।

आगे क्या हुआ:
• मेहुल के माता-पिता ने उसे अपने सभी पासवर्ड बदलने में मदद की
• उसके शिक्षक ने कक्षा को याद दिलाया: पासवर्ड कभी साझा न करें—दोस्तों के साथ भी नहीं!

सबक:
• पासवर्ड व्यक्तिगत होते हैं। उन्हें कभी साझा न करें।
• हर खाते के लिए मज़बूत, अद्वितीय पासवर्ड का उपयोग करें

इन कहानियों पर विचार करें

अपने आप से पूछें:
• क्या मैंने कभी कोई संदिग्ध लिंक क्लिक किया है?
• क्या मैं अजनबियों से ऑनलाइन बात करता हूँ बिना यह जाने कि वे कौन हैं?
• यदि मैं किसी सहपाठी को चैट ग्रुप में धमकाते हुए देखता हूँ तो मैं क्या करूँगा?

दूसरों की ग़लतियों से सीखना हमें वही ग़लतियाँ करने से बचने में मदद करता है।

आइए दोहराएँ

✔ वास्तविक बच्चे ऑनलाइन वास्तविक समस्याओं का सामना करते हैं—स्कैम, धमकाना, अजनबी, और बहुत कुछ
✔ हर मामले में, किसी विश्वसनीय वयस्क को बताने से समस्या को हल करने में मदद मिली
✔ आपके सबसे अच्छे उपकरण हैं: जागरूकता, त्वरित कार्रवाई, और मदद मांगना
✔ ये कहानियाँ दिखाती हैं कि साइबर स्मार्ट होना कितना बड़ा अंतर पैदा करता है

अपनी जाँच करें

1. दीया को एक डरावनी स्थिति से बाहर निकलने में क्या मदद मिली?
A) इसे अनदेखा करना
B) अजनबी से बहस करना
C) अपनी माँ को बताना और उपयोगकर्ता की रिपोर्ट करना ✔

2. जब ईशान को साइबरबुलिंग का शिकार होना पड़ा तो उसने क्या किया?
A) पलटवार किया
B) चुप रहा
C) स्क्रीनशॉट लिए और अपने शिक्षक को बताया ✔

3. मेहुल की कहानी से क्या सबक मिलता है?
A) दोस्त अक्सर बदलें
B) पासवर्ड साझा करना जोखिम भरा हो सकता है ✔
C) ऑनलाइन मज़ाक हमेशा ठीक होते हैं

किताब से आगे

क्लास स्किट चैलेंज

4-5 के समूहों में, कहानियों में से एक का अभिनय करें (या अपनी ख़ुद की बनाएँ) दिखाते हुए:

- क्या ग़लत हुआ
- चरित्र ने क्या किया
- दूसरों को इससे क्या सीख मिल सकती है

साइबर स्टोरी कॉमिक स्ट्रिप

उपरोक्त कहानियों में से एक को 4-पैनल वाली कॉमिक स्ट्रिप में बनाएँ जिसमें हो:

- एक शीर्षक
- सरल संवाद
- अंत में एक नैतिक संदेश

अध्याय 13

भविष्य

साइबर सुरक्षा में करियर

क्या आपने कभी सुपरहीरो बनने के बारे में सोचा है—केप के साथ नहीं, बल्कि कीबोर्ड के साथ? मिलिए प्रिया से। वह 15 साल की है और उसे पहेलियाँ सुलझाना और कोडिंग पसंद है। वह एक नैतिक हैकर बनने का सपना देखती है जो बैंकों को असली हैकर्स से बचाने में मदद करती है।

अच्छा लगता है, है ना? यही साइबर सुरक्षा करियर की शक्ति है।

अन्वेषण करें: साइबर सुरक्षा में करियर क्या है?

एक **साइबर सुरक्षा** विशेषज्ञ रक्षा करता है:

- लोगों का डेटा
- बैंक सिस्टम

• सरकारी वेबसाइटें
• ऑनलाइन ऐप्स और नेटवर्क

वे बुरे हैकर्स को रोकते हैं, साइबर अपराधियों को पकड़ते हैं, और डिजिटल दुनिया के लिए सुरक्षित सिस्टम बनाते हैं।

जैसे-जैसे अधिक लोग इंटरनेट का उपयोग करते हैं, हमें अधिक साइबर रक्षकों की आवश्यकता होती है!

शुरू करने के लिए आवश्यक कौशल

आपको प्रतिभाशाली होने की आवश्यकता नहीं है—आपको बस यह होना चाहिए:
✔ जिज्ञासु
✔ एक अच्छा समस्या समाधानकर्ता
✔ ईमानदार और ज़िम्मेदार
✔ तकनीक और कोडिंग में रुचि

सीखने के लिए उपयोगी विषय:
- **गणित** (तर्क, पैटर्न)
- **कंप्यूटर विज्ञान** (कोडिंग, नेटवर्किंग)
- **नैतिकता** (सही और गलत)
- **भाषाएँ** (संचार और अनुसंधान के लिए)

भविष्य की साइबर नौकरियाँ (सरल शब्दों में समझाया गया)

नौकरी का शीर्षक	वे क्या करते हैं
नैतिक हैकर	सिस्टम को तोड़ने की कोशिश करता है—बुरे हैकर्स के ऐसा करने से पहले छेद खोजने के लिए
सुरक्षा विश्लेषक	खतरों पर नज़र रखता है और किसी भी खतरे की रिपोर्ट करता है
साइबर फोरेंसिक विशेषज्ञ	साइबर अपराधों की जांच करता है (एक जासूस की तरह!)
मैलवेयर विश्लेषक	हानिकारक सॉफ़्टवेयर का अध्ययन करता है ताकि इसे फैलने से रोका जा सके
ऐप सुरक्षा परीक्षक	बग या कमजोरियों के लिए गेम और ऐप्स की जांच करता है
गोपनीयता अधिकारी	कंपनियों को लोगों की निजी जानकारी की रक्षा करने में मदद करता है

आप कहाँ काम कर सकते हैं?

- बैंक और वित्तीय कंपनियाँ
- अस्पताल और स्वास्थ्य तकनीक
- सरकारी कार्यालय (जैसे रक्षा और साइबर पुलिस)
- बड़ी टेक फर्म (जैसे गूगल, इंफोसिस, टीसीएस)
- स्कूल और शिक्षा स्टार्टअप
- आपका अपना साइबर सुरक्षा स्टार्टअप!

इसे आज़माएँ!

करियर को उसके काम से मिलाएँ

करियर	काम
1. नैतिक हैकर	A. डिवाइस पर वायरस कैसे फैलते हैं, इसका अध्ययन करता है
2. साइबर फोरेंसिक विशेषज्ञ	B. सुरक्षा का परीक्षण करने के लिए सिस्टम को तोड़ने की कोशिश करता है
3. मैलवेयर विश्लेषक	C. एक जासूस की तरह ऑनलाइन अपराध के मामलों को हल करता है

उत्तर:
- हैकर → B
- फोरेंसिक → C
- मैलवेयर विश्लेषक → A

कूल साइबर प्रोजेक्ट जिन्हें आप अभी शुरू कर सकते हैं!

कोडिंग क्लबों में शामिल हों या शुरुआती पाठ्यक्रम लें:
- स्क्रैच (ब्लॉक कोडिंग)
- पायथन या एचटीएमएल (टेक्स्ट कोडिंग)
- साइबर सुरक्षा कार्यशालाएँ (जैसे गूगल का इंटरलैंड)

स्कूल क्विज़ प्रतियोगिताओं, साइबर सुरक्षा दिवसों, या बच्चों के लिए नैतिक हैकिंग कार्यक्रमों में भाग लें

साइबर नायकों के बारे में किताबें या कॉमिक्स पढ़ें
गूगल द्वारा इंटरलैंड जैसे गेम खेलें साइबर समझ बनाने के लिए

सोचें और विचार करें

• क्या आप ऑनलाइन रहस्यों को सुलझाना या सुरक्षित गेम बनाना चाहेंगे?
• आपको क्या अधिक उत्साहित करता है: कोडिंग या अपराधियों को पकड़ना?
• क्या आप एक साइबर सुरक्षा समस्या के बारे में सोच सकते हैं जिसे आप ठीक करना चाहेंगे?

आइए दोहराएँ

✔ साइबर सुरक्षा रोमांचक नौकरियों से भरा एक बढ़ता हुआ क्षेत्र है
✔ आप एक नैतिक हैकर, फोरेंसिक विश्लेषक, और बहुत कुछ बन सकते हैं
✔ कोडिंग, समस्या-समाधान और ऑनलाइन सुरक्षा सीखना अभी शुरू करें
✔ हर साइबर हीरो छोटे से शुरू होता है—जिज्ञासा और साहस के साथ!

अपनी जाँच करें

1. नैतिक हैकर कौन होता है?
A) एक हैकर जो पैसे चुराता है
B) एक कोडर जो अपराधों को रोकने में मदद करता है ✔
C) एक गेमर जो धोखा देता है

2. कौन सा विषय आपको साइबर सुरक्षा विशेषज्ञ बनने में मदद करता है?
A) भूगोल
B) कला

C) कंप्यूटर विज्ञान ✔
3. कौन सी नौकरी एक जासूस की तरह होती है?
A) साइबर फोरेंसिक विशेषज्ञ ✔
B) ऐप डिजाइनर
C) पासवर्ड निर्माता

किताब से आगे

एक साइबर करियर विजन बोर्ड बनाएँ

छवियाँ इकट्ठा करें या बनाएँ:
• आपकी सपनों की तकनीक की नौकरी
• आप जिन उपकरणों का उपयोग करेंगे
• आपको प्रेरित करने वाला एक उद्धरण

एक शीर्षक जोड़ें: "मेरा साइबर हीरो भविष्य!"

कक्षा साइबर करियर दिवस
अपनी कक्षा से बात करने के लिए एक स्थानीय साइबर विशेषज्ञ या तकनीक में माता-पिता को आमंत्रित करें।

प्रश्न पूछें जैसे:
• आप क्या करते हैं?
• आपने ये कौशल कैसे सीखे?
• बच्चों के लिए आपकी क्या सलाह है?

अध्याय 14

स्वस्थ जीवन के लिए डिजिटल

आदतें – स्मार्ट बनें, संतुलित रहें

आरव उठता है और अपना फोन देखता है। वह यूट्यूब देखते हुए खाता है। वह इंस्टाग्राम स्क्रॉल करने के लिए बाहरी खेल छोड़ देता है।

वह अपने टैबलेट की चमक के साथ बिस्तर पर चला जाता है।

परिचित लगता है?

इंटरनेट अद्भुत है—लेकिन अगर हम इसका सावधानी से उपयोग नहीं करते हैं, तो यह हमारे स्वास्थ्य, समय और खुशी को नुकसान पहुँचा सकता है। आइए जानें कि स्वस्थ डिजिटल आदतें कैसे बनाएँ जो हमें सुरक्षित और खुश रखती हैं।

अन्वेषण करें: डिजिटल आदतें क्या हैं?

डिजिटल आदतें वे चीज़ें हैं जो आप नियमित रूप से ऑनलाइन करते हैं:
- आप कितनी बार अपना फोन चेक करते हैं
- आप गेम या वीडियो पर कितना समय बिताते हैं
- ऑनलाइन—या ऑफलाइन—होने पर आप कैसा महसूस करते हैं

स्वस्थ आदतें आपके मस्तिष्क, शरीर और भावनाओं में मदद करती हैं। अस्वस्थ आदतें तनाव, नींद की समस्या या स्क्रीन की लत का कारण बन सकती हैं।

अस्वस्थ स्क्रीन समय के संकेत

संकेत	यह कैसा दिखता है
थकी हुई आँखें	सिरदर्द, खुजली या सूखी आँखें
कम शारीरिक गतिविधि	खेलना नहीं, व्यायाम नहीं करना, या बाहर नहीं जाना
फोकस खोना	कक्षा या होमवर्क के दौरान दिवास्वप्न देखना
मूड में बदलाव	ऑनलाइन न होने पर गुस्सा, ऊब या उदास महसूस करना
सोने में परेशानी	स्क्रीन के कारण देर से बिस्तर पर जाना

कितना स्क्रीन समय ठीक है?

- 8-12 साल के बच्चों के लिए:
- प्रतिदिन अधिकतम 2 घंटे गैर-शैक्षिक स्क्रीन समय

• सोने से कम से कम 1 घंटे पहले स्क्रीन का उपयोग बंद कर दें
• हर 30-40 मिनट में स्क्रीन ब्रेक लें
• ऑफ़लाइन मनोरंजन के लिए समय निकालें: खेलना, पढ़ना, शिल्प, या परिवार से बात करना

बच्चों के लिए अच्छी डिजिटल आदतें

स्वस्थ आदत	यह क्यों मायने रखता है
स्क्रीन ब्रेक लें	आपकी आँखों और मस्तिष्क को आराम देता है
बिस्तर से उपकरणों को दूर रखें	आपको बेहतर नींद लेने में मदद करता है
उद्देश्य के साथ ऐप्स का उपयोग करें	सीखें, अन्वेषण करें—केवल स्क्रॉल न करें
बाहर अधिक समय बिताएं	शरीर और मन को सक्रिय रखता है
लोगों से आमने-सामने बात करें	वास्तविक दोस्ती बनाता है
पोस्ट करने से पहले विचार करें	आपके डिजिटल फुटप्रिंट को साफ और दयालु रखता है

सचेत ऑनलाइन व्यवहार

कोडिंग क्लबों में शामिल हों या शुरुआती पाठ्यक्रम लें:
• स्क्रैच (ब्लॉक कोडिंग)
• पायथन या एचटीएमएल (टेक्स्ट कोडिंग)
• साइबर सुरक्षा कार्यशालाएँ (जैसे गूगल का इंटरलैंड)

स्कूल क्विज़ प्रतियोगिताओं, साइबर सुरक्षा दिवसों, या बच्चों के लिए नैतिक

हैकिंग कार्यक्रमों में भाग लें
साइबर नायकों के बारे में किताबें या कॉमिक्स पढ़ें

गूगल द्वारा इंटरलैंड जैसे गेम खेलें साइबर समझ बनाने के लिए

सोचें और विचार करें

पोस्ट करने से पहले, पूछें:

T.H.I.N.K.

- **T – क्या यह सच है? (True)**
- **H – क्या यह मददगार है? (Helpful)**
- **I – क्या यह प्रेरणादायक है? (Inspiring)**
- **N – क्या यह आवश्यक है? (Necessary)**
- **K – क्या यह दयालु है? (Kind)**

यदि यह उपरोक्त सभी नहीं है—तो इसे पोस्ट न करें!

इसे आज़माएँ!

कौन सी आदत स्वस्थ है? बेहतर विकल्प पर गोला लगाएँ

1. रात का खाना खाते समय यूट्यूब देखना या परिवार के साथ चैट करना
2. 1 घंटे के लिए बाहर खेलना या अकेले मोबाइल गेम खेलना
3. अपने फोन को अपने तकिए के पास रखना या रात में इसे कमरे से बाहर रखना
4. हर 5 मिनट में नोटिफिकेशन चेक करना या दिन में 2-3 बार अपने डिवाइस को चेक करना

सोचें और विचार करें

• स्क्रीन पर बहुत अधिक समय बिताने के बाद आप कैसा महसूस करते हैं?
• आप जीवन का सबसे अधिक आनंद कब लेते हैं—ऑनलाइन या ऑफलाइन?
• इस सप्ताह आप कौन सी एक स्क्रीन आदत बदलना चाहते हैं?

आइए दोहराएँ

✔ डिजिटल आदतें हमारे स्वास्थ्य और खुशी को आकार देती हैं
✔ बहुत अधिक स्क्रीन समय आपकी आँखों, मन और मूड को नुकसान पहुँचा सकता है
✔ स्वस्थ आदतों में ब्रेक लेना, अच्छी नींद लेना और सक्रिय रहना शामिल है
✔ पोस्ट करने से पहले THINK करें: True (सच), Helpful (मददगार), Inspiring (प्रेरणादायक), Necessary (आवश्यक), Kind (दयालु)
✔ डिजिटल दुनिया का आनंद लें—लेकिन वास्तविक दुनिया को भी न भूलें!

अपनी जाँच करें

1. बहुत अधिक स्क्रीन समय का एक संकेत क्या है?
A) खेल खेलना
B) थकी हुई आँखें और खराब नींद ✔
C) दोस्तों के साथ हँसना

2. सोने से पहले की एक अच्छी आदत क्या है?
A) जब तक आप सो न जाएं तब तक वीडियो देखें
B) कंबल के नीचे अपना फोन इस्तेमाल करें
C) सोने से 1 घंटे पहले स्क्रीन को दूर रखें ✔

3. THINK में "T" किसके लिए है?

A) टाइम (Time)

B) ट्रू (True) ✔

C) टॉक (Talk)

आइए दोहराएँ

एक व्यक्तिगत स्क्रीन टाइम ट्रैकर बनाएँ

3 दिनों के लिए अपने स्क्रीन उपयोग को ट्रैक करें:

- स्कूल के काम पर कितना समय
- गेम/वीडियो पर कितना
- चैट पर कितना

फिर विचार करें:

- कौन से एप मुझे सीखने में मदद करते हैं?
- मैं कहाँ कटौती कर सकता हूँ?
- मैं कौन सा ऑफ़लाइन मज़ा जोड़ सकता हूँ?

पोस्टर प्रोजेक्ट: डिजिटल संतुलन सुंदर है

एक आधा-आधा पोस्टर डिज़ाइन करें:

- एक तरफ एक बच्चा स्क्रीन से चिपका हुआ है
- दूसरी तरफ वही बच्चा बाहरी जीवन का आनंद ले रहा है

इस पर कैप्शन दें: "संतुलन बेहतर है!"

अध्याय 15

प्रोजेक्ट टाइम

एक साइबर सुरक्षा चैंपियन बनें!

अब जब आपने सीख लिया है कि ऑनलाइन स्मार्ट, सुरक्षित और दयालु कैसे बनें... यह आपके ज्ञान को कार्रवाई में लाने का समय है! यह अध्याय आपको एक साइबर सुरक्षा चैंपियन बनने में मदद करता है—जो न केवल अपनी रक्षा करता है बल्कि डिजिटल दुनिया में दूसरों को भी सुरक्षित रहने में मदद करता है।

आइए इसे करें—एक साथ!

अन्वेषण करें: एक साइबर सुरक्षा चैंपियन क्या होता है?

एक **साइबर सुरक्षा चैंपियन** वह होता है जो:

- हर दिन अच्छी ऑनलाइन आदतों का अभ्यास करता है

• सहपाठियों या दोस्तों को ऑनलाइन ख़तरों से बचने में मदद करता है
• दूसरों को सिखाता है कि उन्होंने साइबर सुरक्षा के बारे में क्या सीखा है
• एक सुरक्षित, सम्मानजनक और दयालु ऑनलाइन दुनिया बनाता है

आपको एक बैज या प्रमाण पत्र की आवश्यकता नहीं है—आपके कार्य ही आपको एक वास्तविक चैंपियन बनाते हैं।

अंतिम साइबर कौशल चेकलिस्ट

✔ मुझे पता है कि साइबर अपराध क्या है
✔ मैं नकली लिंक या स्कैम संदेशों को पहचान सकता हूँ
✔ मैं अपने पासवर्ड और उपकरणों की रक्षा करता हूँ
✔ मैं धमकाने या धमकियों की रिपोर्ट करता हूँ
✔ मैं पोस्ट करने से पहले THINK करता हूँ
✔ मैं अपने दोस्तों को ऑनलाइन सुरक्षित रहने में मदद करता हूँ

यदि आपने इनमें से अधिकांश या सभी को चेक किया है... तो आप पहले से ही अपने रास्ते पर हैं!

प्रोजेक्ट गतिविधियाँ

1. अपना साइबर सुरक्षा पोस्टर डिज़ाइन करें
एक रंगीन पोस्टर बनाएँ जिसमें हो:

- **3 साइबर सुरक्षा युक्तियाँ**
- **1 वास्तविक जीवन का परिदृश्य**
- एक शक्तिशाली नारा जैसे:

"सावधानी से क्लिक करें" या "साझा करने से पहले सोचें!"
इसे अपनी कक्षा या स्कूल पुस्तकालय में प्रदर्शित करें।

2. असेंबली में एक बात दें

एक 1 मिनट का भाषण या भूमिका-निर्वहन स्किट तैयार करें:

- **विषय विचार**: "साइबरबुलिंग कोई मज़ाक नहीं है", "एक पासवर्ड प्रो बनें", या "अजनबियों को ऑनलाइन ना कहें"
- सरल उदाहरण, क्या करें और क्या न करें, शामिल करें और एक आकर्षक पंक्ति के साथ समाप्त करें

अपने शिक्षक से अपनी कक्षा या स्कूल के सामने बोलने का मौका मांगें!

3. एक साइबर सुरक्षा कॉमिक स्ट्रिप बनाएँ

एक 4-पैनल वाली कॉमिक बनाएँ जहाँ:

- ऑनलाइन एक समस्या होती है
- एक स्मार्ट बच्चा सही कदम उठाता है
- एक धमकाने वाला या स्कैमर रोका जाता है
- हर कोई एक सबक सीखता है

स्पीच बबल्स और अपने ख़ुद के चित्र का उपयोग करें!

4. स्कूल में एक 'साइबर स्मार्ट क्लब' शुरू करें

4-6 दोस्तों की एक टीम बनाएँ और मासिक योजना बनाएँ:

- जागरूकता दिवस
- पोस्टर प्रतियोगिताएँ
- डिजिटल सुरक्षा पर क्विज़ प्रतियोगिताएँ
- माता-पिता या शिक्षकों को टिप्स साझा करने के लिए आमंत्रित करें

अपने स्कूल को साइबर स्मार्ट बनाएँ—एक समय में एक क़दम।

अपनी जाँच करें (अंतिम चुनौती क्विज़!)

1. जब ऑनलाइन कुछ ग़लत लगता है तो सबसे पहले क्या करना चाहिए?

A) इसे गुप्त रखें

B) इसकी रिपोर्ट करें और किसी विश्वसनीय वयस्क को बताएं ✔

C) अपना खाता हटा दें

2. एक साइबर सुरक्षा चैंपियन कौन होता है?

A) कोई जो खेल अच्छी तरह खेलता है

B) कोई जो धमकाने वालों को धमकाता है

C) कोई जो दूसरों को ऑनलाइन सुरक्षित रहने में मदद करता है ✔

3. हमें पोस्ट करने से पहले THINK क्यों करना चाहिए?

A) अधिक लाइक पाने के लिए

B) यह जांचने के लिए कि क्या यह सत्य (True), मददगार (Helpful), प्रेरणादायक (Inspiring), आवश्यक (Necessary), दयालु (Kind) है ✔

C) लोकप्रिय होने के लिए

किताब से आगे

एक प्रतिज्ञा लिखें!

"मैं, _______, एक साइबर सुरक्षा चैंपियन बनने की प्रतिज्ञा करता हूँ।

मैं सतर्क रहूँगा, अपनी निजता की रक्षा करूँगा, और जब कुछ ग़लत होगा तो बोलूँगा।
मैं इंटरनेट का उपयोग दयालुता के साथ करूँगा और दूसरों को भी ऐसा करने में मदद करूँगा।"

इस पर हस्ताक्षर करें, इसे सजाएँ, और इसे अपनी दीवार पर चिपका दें!

आपने कर दिखाया!

आप इस पुस्तक के अंत तक पहुँच गए हैं—लेकिन यात्रा अभी शुरू हुई है। साइबर स्मार्ट होना एक बार का सबक नहीं है—यह जीवन भर की आदत है।

सीखते रहें, सतर्क रहें, और डिजिटल दुनिया में दूसरों की मदद करें।

शब्दावली

साइबर शब्द जो आपको जानने चाहिए

शब्द	अर्थ (सरल परिभाषा)
खाता (Account)	वेबसाइटों, ऐप्स या गेम्स तक पहुँचने के लिए आपका व्यक्तिगत लॉगिन।
एंटीवायरस सॉफ़्टवेयर (Antivirus Software)	एक प्रोग्राम जो आपके डिवाइस को हानिकारक वायरस से बचाता है।
शब्द	अर्थ (सरल परिभाषा)
ऐप (एप्लिकेशन) (App (Application))	एक सॉफ़्टवेयर टूल या गेम जिसे आप अपने डिवाइस पर उपयोग करने के लिए डाउनलोड करते हैं।
ब्लॉक (Block)	किसी को ऑनलाइन आपसे संपर्क करने या संदेश भेजने से रोकने का एक तरीका।
साइबरबुलिंग (Cyberbullying)	किसी को चिढ़ाने, धमकाने या शर्मिंदा करने के लिए इंटरनेट का उपयोग करना।
साइबर अपराध (Cyber Crime)	कोई भी अपराध जो कंप्यूटर या इंटरनेट का उपयोग करके होता है।
साइबर सुरक्षा (Cyber Security)	आपके ऑनलाइन जीवन को सुरक्षित रखने के लिए उपयोग किए जाने वाले उपकरण और कार्य।

डेटा (Data)	जानकारी जैसे आपका नाम, फोटो या पासवर्ड ऑनलाइन साझा या संग्रहीत।
डिजिटल फुटप्रिंट (Digital Footprint)	आपके ऑनलाइन किए गए हर काम का निशान—खोज, पोस्ट, क्लिक।
डिवाइस (Device)	एक गैजेट जैसे फोन, टैबलेट या लैपटॉप जो इंटरनेट से कनेक्ट होता है।
नैतिक हैकर (Ethical Hacker)	एक अच्छा हैकर जो ऑनलाइन सुरक्षा समस्याओं को खोजने और ठीक करने में मदद करता है।
नकली लिंक / स्कैम (Fake Link / Scam)	आपके डेटा या पैसे चुराने का एक धोखा जिससे आपको कुछ खतरनाक पर क्लिक करने के लिए प्रेरित किया जाता है।
हैकर (Hacker)	एक व्यक्ति जो कंप्यूटर या नेटवर्क में सेंध लगाता है—अच्छा या बुरा हो सकता है।
शब्द	अर्थ (सरल परिभाषा)
प्रतिरूपण (Impersonation)	नकली नामों या तस्वीरों का उपयोग करके ऑनलाइन किसी और का दिखावा करना।
मैलवेयर (Malware)	खराब सॉफ़्टवेयर जो आपके डिवाइस को नुकसान पहुँचाता है या जानकारी चुराता है।
पासवर्ड (Password)	एक गुप्त कोड जिसे आप अपने ऑनलाइन खातों की रक्षा के लिए बनाते हैं।
फ़िशिंग (Phishing)	व्यक्तिगत विवरण मांगने वाला एक नकली ईमेल या संदेश।

निजता सेटिंग्स (Privacy Settings)	नियंत्रण जो आपको यह तय करने में मदद करते हैं कि आपकी पोस्ट या जानकारी ऑनलाइन कौन देखता है।
रिपोर्ट (Report)	ऐप या साइट को सूचित करना कि कोई कुछ असुरक्षित या गलत कर रहा है।
स्कैम (Scam)	आपकी जानकारी, पैसे या खातों को चुराने का एक धोखा।
स्क्रीन टाइम (Screen Time)	आप प्रतिदिन डिजिटल उपकरणों पर कितना समय बिताते हैं।
सोशल मीडिया (Social Media)	ऐप्स और वेबसाइटें जहाँ लोग पोस्ट, फोटो और संदेश साझा करते हैं।
स्पैम (Spam)	बड़ी संख्या में भेजे गए अवांछित या जंक संदेश।
अजनबी का खतरा (ऑनलाइन) (Stranger Danger (Online))	इंटरनेट पर अज्ञात लोगों के बारे में एक चेतावनी जो सुरक्षित नहीं हो सकते हैं।
मजबूत पासवर्ड (Strong Password)	अक्षरों, संख्याओं और प्रतीकों के साथ एक अनुमान लगाने में कठिन पासवर्ड।
टू-फैक्टर ऑथेंटिकेशन (Two-Factor Authentication)	एक दूसरा चरण (जैसे आपके फोन पर एक कोड) जो आपके खाते को अतिरिक्त सुरक्षित रखता है।